吳信義著

文學叢刊

芝山雅舍

——健群小品

文史哲出版社印行

國家圖書館出版品預行編目資料

芝山雅舍：健群小品 / 吳信義著. -- 初版 --
臺北市：文史哲, 民 105.07
頁; 公分（文學叢刊；365）
ISBN 978-986-314-308-6（平裝）

85　　　　105011504

文學叢刊 365

芝山雅舍

—健群小品

著　者：吳　信　義
出 版 者：文　史　哲　出　版　社
http:// www.lapen.com.tw
e-mail：lapen@ms74.hinet.net
登記證字號：行政院新聞局版臺業字五三三七號
發 行 人：彭　正　雄
發 行 所：文　史　哲　出　版　社
印 刷 者：文　史　哲　出　版　社
臺北市羅斯福路一段七十二巷四號
郵政劃撥帳號：一六一八〇一七五
電話886-2-23511028 · 傳真886-2-23965656

定價新臺幣四八〇元

2016年（民一〇五）七月初版

ISBN 978-986-314-308-6　09365

芝山雅舍

目 次

吳　序

中國三千年以來文化傳統，雖然科技知識頗有發明和高明的見地，卻以「德行之知」為人類各支文明之最。

信義兄高中畢業後，接受四年復興崗政戰教育，又到部隊實務歷練四年，後來回到母校擔任隊職與教職，再轉任台灣大學主任教官，軍職退休後熱衷佛學，且將佛法生活化，平日即用功「德行之知」，能將理論與實務的體驗，付之於行動表現，可謂深具儒釋道精神涵養的當代雅士。

吳兄最近以其學習心得，引用美國丹尼爾・戈爾曼（Dannel Golmn）《情商：為什麼情商比智商更重要》（北京：中譯本，2011）（全球銷量超過 8 百萬冊）一書，提到他的至理名言：「智商（IQ）高、情商（EQ）也高的人，春風得意；智商不高、情商高的人，貴人相助；智商高、但情商不高的人，懷才不遇；智商不高、情商也不高的人，一事無成。」此一卓越的科學研究成果，成為全球企業界、政界和教育界，掀起一陣情商旋風，以橫掃全球，認識自我潛能，協助成功的重量級好書來形容不為過。」

其實，中國文化自來即重視「情理交融」的智慧，面對西方文明，自蘇格拉底、亞里斯多德和柏拉圖，經過康德和 John Stuart Mill 以來，大多偏向個人主義的論述，以規則為基礎，信奉普世主義，來治理一個充滿自主個體的社會，直至當代美國心理學家 Lawrence Kahllerg，Jean Piaget，還有 Ellot Turiel 三人都是理性派，與直覺派不同。世界著名人類學家 Clifford Geerty 認為「西方人把人看成是離散的個體，其實是一種極為罕見的看法。」心理人類學家 Ridclcail Shweler 認為「所有的社會都必須思考如何維持社會秩序，其中最重要者，就是如何在「個體需求」與「群體需求」之間取得平衡。東方社會文化偏向「社會中心」型，而西方文化偏重「個人主義」型。美國已去世的知名學者 Simmuel P.Huntington 曾在 1997 的名著結論說：Imperialism is the necessarily logical consequence of universalism（帝國主義即是普遍論的必然的邏輯結果）《文明衝突與世界秩序的重建》也就是說，他們西方文明強調，每一個人都是獨立自主的個體，要以普遍主義來歸納，通行每個人的行為規範，忽略人與人之間，人與團體之間，民族與民族之間地差異性所必須共處的規則原理。後者要以孔子或儒釋道之學術為基礎，形成合情合理的規範，這才是今日人類文化發展的大方向、大轉折。

中國當前的世界大戰略，雄心無比，遠邁漢唐盛世。一帶一路苦心經營的結果，大約 20 年後，其世界大變動約有：（1）陸權取代海權，中國的高鐵名揚四海。（2）儒家與回教文化結合，超越基督教的文明。（3）台灣在世界的戰略地位逐漸邊緣化。（4）人類主導世界文明的發展方向，又重新從美國西方文化，返回到歐亞大陸為主軸，尤其中國文化遠邁歐洲，後者因經濟衰退，難起沈疴，中國文化再度成為人類文明的主流。

中國文化的特質以「德性之知」為主流，中國人向來認為「快樂」來自於取得你自己與他人合適的關係，你本人與工作的關係，你本人與大於你自身的事物的關係。（Jonathan Haidt 2012, The Righteous why Politics and Religion）。中譯本，2015 年 4 月出版，姚怡平譯。「好人總自以為是：政治與宗教如何將我們四分五裂。（頁 361-362）台北：大塊出版。這是一本當前美國道德心理學的經典名著，作者 Jonathan Haidt 認為人是雙重人：「從普通（世俗）世界過渡到神聖世界的短暫時刻，變成「只是整體的一小部分」，獲得最大的喜悅。」（頁 362）現在已有大量證據證明，宗教的確能協助群體擁有向心力，解決「揩油者問題」（註：即 free rider，當大夥兒為群體奉獻心力時，有一些人自利心重而偷懶，即所謂「搭便車」的人。）並贏得競爭，在群體層次存活下來。（頁 380）

人類歷史文化有三種真正的倫理觀：(1)自主的倫理觀：偏向個體的自主性，强調個人的權利和義務的保障，以歐美人士為主流。（2）社會倫理觀：以中國文化為主流。（3）神聖倫理觀：人類是具備意識的動物，上帝的子民，應舉止合宜，即使一名男子跟雞的屍體做愛，並未侵犯別人的權利，也不應該如此做，因為此舉有損他的品格，使造物主蒙羞，也違反宇宙的神聖秩序，此觀點影響了賓拉登和蓋達組織的思想及厭惡美國文化的思想來源。

中國的倫理思想强調「個人與團體」的「情理交融」互涉，頗具中庸之道，在倫理關懷的關係網絡中，彼此相互關懷，避免了疏離或異化（Alienation）的問題，也超越了美國人以個人生命為主軸，所帶來的寂寞和孤寂問題。今日世界普遍流行著吸毒、上夜店和性騷擾問題，俱是心理學上所謂「耐不住寂寞問題」。美國人怕孤獨，則以追求權力的滿足超越之。中國人則普遍以倫理關係化解了寂寞問題。孔子：「人不知而不慍，不亦君子乎！」莊子：「帝王之功，聖人之餘事也」，佛家的打坐禪修功夫，更是針對人心寂寞的問題而超克之。

中國傳統文化的「心物一元論」、「知行合一」，乃至於「天人合一」的境界，均有助於個人的修持和倫理親情的體現。信義兄的小品文著作，處處體現了這一「德性精神」的發揮，值得讀者細細品嚐，體會其精義，默念儒釋道精神的深度；是為序。

吳瓊恩 博士
國立政治大學公行系退休教授
現任中國政法大學客座教授

董　　序

去年，吳信義會長在早餐會上送我一本他的大作「所見所聞所思所感」。一看這個書名我就非常喜歡，一本書連續用了四個「所」字，又用見、聞、思、感四個字，從外在的視覺到心靈的了悟，無所不包，乍看之下有點像古典詩詞的雙聲叠韻，又透露著一點禪的氣息，真是一個很妙的書名，再打開目錄一看，爲書作序者，具爲當下文壇或以往軍警界的知名之士，再翻閱篇目計有二〇二篇，作品內容恰似書名，使人一看，雖是小文章，却蘊藏著大道理。

自 1949 年之後，從大陸來的作家中，擅長寫小品文的學者，如梁實秋，吳廷環，彭歌等前輩，他們的作品每天都在各大報紙的專欄上連載，令我們這些當時的年輕學生獲益非淺。

我年幼時，在故鄉魯南地區，凡讀書人，家家都有幾本自己喜歡的書，擺在床頭的小几上，名為「床頭書」，每當心情鬱悶時，即隨手拿起一本書，點起煤油燈，翻閱自已喜歡的章節，讀後可解開心中鬱結，至今記憶猶新。

最近看了吳會長的大作，使我不由想起幼年家中床頭書的情景，我再看時下的青年人在睡前，能有幾人還會拾起床頭書的雅興？信義兄的健群小品，正可爲現代人的佳侶良伴。

讀了健群小品第一集，第二集即將出版，吳會長託我的老同學蘭觀生教授打電話給我，囑我寫一篇拙序，自然與有榮焉。在他的大作即將付梓之際，特撰此短文，用爲道賀。

董延齡 於 2016.6.03
前立法院特聘駐院中醫師
現任董延齡診所院長

爲信義兄喝采

— 序《芝山雅舍》文集

吾友信義兄又要出書了，短短不到兩年內，總共寫了兩百篇文章，雖然說每篇僅有短短五、六百字，但也屬難能可貴。信義兄在文章中透露，他之所以有此成績，主要是因第一本書出版，倍受朋友讚美、鼓勵，致使他信心倍增。另一原因是見其軍中好友福成兄著作等身，已然擠身百書俱樂部，見賢思齊，他豈能不迎頭趕上？

信義兄的這兩百篇文章，每篇寫成之後即發表在他的部落客上，任人點閱，據說已有十數萬人點閱過，可見其受歡迎程度！如今把它們結集出版，就好像嬰兒從母體懷胎十月，呱呱墜地。是否有宏亮的啼聲與順利長大，就端賴這個嬰兒的母親（作者）是否好好照顧，以及嬰兒的親友（讀者）如何給它鼓勵了！

這兩百篇文章，大都是一些生活雜記，平日所見所思所聞所感。文筆樸實，直紓胸襟。少有引經據典，不做無病呻吟。讀之，令人深有所獲。如他談養生、談保健、談友情、親情，談科技、新知，談待人接物的道理，談研習佛學的心得等，都讓人讀了頻頻點頭，深獲認同。雖然筆者認為，書中文筆尚有些生澀，但只要持續努力，假以時日，定當進步再進步，說不定他日擠身小品文名家行列也不無可能！

俗語說：「人生七十才開始！」信義兄雖今年雖已過七十，但因三十年軍中規律生活養成的強健體魄，以及退休後持續每日不間斷的鍛鍊，看起來猶似五、六十歲的中年人。以他這種體魄及毅力精神，相信在不久的將來，很快即可以見到他的第三本、第四本書問世。我們祝福他！

廖振卿（詩壇　台客）
前葡萄園詩刊主編
現任中國詩歌藝術學會常務理事
2016.6.30

細膩而爲也能挑動眞情

以前桃園中壢有家小偷訓練班，班主任在課堂貼一副對聯：右聯「偷白不偷黑」、左聯「偷風不偷雪」，卻無橫聯，如果橫聯加上以下八個字「所見、所聞、所思、所感」保證賊兄賊弟們望之必拔劍四顧但見患難，午夜夢迴也難忘所見、所聞、所思、所感，信義同學與我當非半路相逢，四年同窗大家「底細」知之甚詳，同夥在一起有了他必能挑動不少話題，我常說他是同學團體中的「甘草」，無論長聊或話舊，互動起來都相當「對盤」。四十八年前大家赤手空拳離開復興崗，浪花淘盡英雄，潮起潮落，信義兄今日推出大作之續集，雖他自稱是「小品」其實它是多重視野以「人」為本的傑作；談「忍」的哲理、談喝酒、飲茶、打牌之道，陳述快樂和幸福的差別，益生養命、痛苦、喜悅和無奈，潛能、富貴、名利、姐弟還有同學情、憶父、心的感應夢中醒，全書話語幾乎都是吐故納新，將一生生活的點滴透過本次出書一次「解放」殆盡，（也許尚有保留待續），真是用心良苦功課做到家。信義兄的大作無「軍語」，無言論的「武器」，他的過去和現在之思維，道盡「空才能有」的核心價值。這是一部成熟的作品，每篇都提供實際的關懷，用詞遣字，不疾不徐，字斟句酌，看來似無話題中心，與其說信義兄在寫自己的人生，不如說他有意挑動滿天下你我內心的力量，用出書來直接貢獻他的溫暖；連跳舞、打牌、喝酒也成了他「世上的光、地上的鹽」不禁令人心癢難耐，「惺惺相惜」在所難免，戎馬半生的我們，過去「磨劍」多年，今日讀了信義同學的大作，篇篇細膩而為，憶苦思甜，平鋪直敘，所見所聞，有思有感，讀之令人感到涼爽暢快。

我們十四期各系同學各有所專，不少同學一心想要持盈保泰，但卻始終不承認「最後」的舞台，退而不休，但也無心去奔波勞形，大家的想法仍豐沛，而且還懷抱不少的夢想，信義兄比較厲害，他深諳一生之所見、所聞、現在可追，有朝一日就難回了，點滴的累積，真情的吐露，「明月」仍可共賞。

在我記憶中大家歷經不少次的「見面會」，從未見信義兄沉悶過、冷漠過、無奈過或者說要去擴大召喚誰，從他鉅著中所有的陳述、澹泊名利、直來直往、頗符他的個性和一貫的思維，「猶抱琵琶半遮面」的悄悄話語更不用說了。時值憂國憂民崇尚正義的此刻，本大作之推出，「票房」必佳，每篇文末常見一句話：你以為呢？你以為然否？你說呢？多予指導！信義兄自稱的「小品」，使用文字夠熱血，可見他不圖讓自己的觀念帶著大家走，他的虛懷若谷，在在突顯其不凡的氣度。

蔡勝隆 寫於高雄 2016.06.25
復興崗 14 期同學會第七屆會長
瑞崧營造公司董事長
芭蕉關係企業南橫農地產開發董事長
高雄運河左岸商旅董事長，國際扶輪助理總監
政治作戰學校高雄市校友會會長

勞　序

曹丕《典論論文》有道：「蓋文章，經國之大業，不朽之盛事。年壽有時而盡，榮樂止乎其身；二者必至之常期，未若文章之無窮。是以古之作者，寄身於翰墨，見意於篇籍；不假良史之辭，不託飛馳之勢，而聲名自傳於後。故西伯幽而演易，周旦顯而制禮；不以隱約而弗務，不以康樂而加思。夫然，則古人賤尺璧而重寸陰，懼乎時之過已。而人多不強力；貧賤則懾於饑寒，富貴則流於逸樂，遂營目前之務，而遺千載之功。日月逝於上，體貌衰於下，忽然與萬物遷化，斯志士之大痛也！」吳信義先生年前已出版《所見、所聞、所思、所感——健群小品》，而今又推出本集，可謂能深切體悟魏文帝此言之強者矣！其聲名自可傳於後世。

本集全同前集，屬於作者個人之《所見、所聞、所思、所感》性質，根基於他貞定生命方向的日常生活隨筆，故有其真實性、活潑性、啟發性，乃具可讀性。此類文章《文心雕龍》歸類為雜文，謂出於「智術之子，博雅之人，藻溢於辭，辭盈乎氣，苑囿文情，故日新殊致。」本集乃能做到「精理為文，秀氣成采，鑒懸日月，辭富山海，百齡影徂，千載心在。」之境界，故吳氏大作價值在此。

我雖近年方與作者有所交往，但共事多次深覺其人品一如其「信義」之名；品格端方、待人溫良、樂活自足；堪令人效法者所在多有。此次出版大著，承邀我作序。惟依文壇傳統，唯有高位盛德之人方堪為人作序，我何敢當此？爰摭拾蕪言以為賀是已。

哲學博士 勞政武 2016.06
謹識于淨名文化中心

自　序

寫作是我的興趣之一，這與寫日記習慣有關，前後使用年鑑日記有三十多年。民國 63、64 年曾是中副作者，婚後家庭與工作兩忙，未曾提筆，此心願到退休後始如願。樂見第二本書「芝山雅舍」── 健群小品即將出版，內心是惶恐、喜悅的。惶恐是怕不成熟的文章見醜，喜悅的是佩服自己寫作恆心及勇氣。許多人謹言慎行，惜墨如金，不願留文，深怕日後遭批評，幸好我寫茶餘飯後雜文，非學術、政治論述，無是非對錯爭議。

小品散文以五六百字陳述，經「健群小品」部落格發表，對現代忙碌的人可隨時讀，出書方便保存翻閱，友人當它「床頭書」，隨手可得。出書前懇請藝術系張清民同學首肯，樂為本書設計封面，經其構思，將讀者寓意釣者，書中文章，寓意海中魚類，各釣不同，擇其所愛。前葡萄園詩刊主編台客兄、新聞系樹雲同學及昔台大同事福成、俊歌四位好友，義不容辭，應允校對，這份友情，由衷感激。二百篇是近年餘，積累的成果。有了第一本書的出版，再版有較多經驗。承蒙「中國全民民主統一會」執行長勞政武先生、總顧問吳瓊恩教授，顧問董延齡名中醫師，顧問名詩人台客（廖振卿）

及十四期第七屆同學會會長蔡勝隆兄諸好友，應允為本書寫序，特別感謝。也感恩文史哲出版社彭社長父女的熱心協助並指導，使本書順利付印。

生活隨筆，偶感文章，不同時空所見，一些想法、看法，可能有落差，難免有誤，尚請好友不吝批評指正。

先父先母結婚照及家族合影（民國 29 年 11 月 20 日）

作者兒時的全家福照（民國 48 年～52 年）

民國三十六年八月中
和光妻、長女、長子
全家福於花蓮縣
卓溪鄉中平派出所
前合影留念。

民國四十年八月五日於朴子分局
二溪派出所合照的長女及兩兄弟

民國四四年元旦於朴子鎮東南里興中路16號警察宿舍
合影留念

作者兄弟姊妹與
先父先母合影

1. 於花蓮縣玉里鎮時和長女與兩男及先妻合照。
2. 民國38年底(12.25)於花蓮縣玉里政學宿舍前留念紀念。

出生長女玲珠四個月時住在大甲鄉大甲村陳永屏家後留影。
2. 於民國三十一年十二月照。

高中畢旅與同學合影（民國 53 年）

作者全家福照

作者夫妻合影

作者夫妻合影

作者夫婦與內弟自正、徐競夫婦合影

作者與姊弟妹們合影

國立台灣大學全體主任教官歡送總教官韓將軍榮調留影 84.5.5

國立台灣大學農學院暨舍區教官同仁與主任教官合影84.7.15

教育部軍訓教官班四十七期總主任教官合影留念 82.3.6

全國教師暑期佛學夏令營全體合影於佛光山

民國一〇五年參加全國教師暑期佛學夏令營於佛光山

民國一〇五年參加全國教師暑期佛學夏令營於佛光山

民國一〇二年十一月三十日，代表中國全民民主統一會於澳門參加中華民族團結與復興研討會全體合影

應邀台北市士林區扶輪社專題演講

作者與台北市士林區扶輪社全體會員合照

台大退休聯誼會歌唱班於校慶合唱演出

上、下圖：作者與麻豆結拜兄弟合影（民國一〇五年）

作者與長春高爾夫球隊於泰國球敘

本書作者

復興崗十四期北部同學南下旅遊於左營高鐵留影

復興崗十四期女同學聚會留影

作者與好友林竹松、張代春夫婦合影

作者與好友共登合歡山合影

作者與好友共遊馬祖合影

作者與小阿姨合影

作者贈書與王順和賢伉儷合影

華國緣友人

上、下圖：作者與高中同學合影（民國一〇四年）

作者與社會大學同學合影（民國一〇四年）

上、下圖：北京、上海參訪（民國一〇四年四月十九—廿五日）

台大退聯會理事長陳福成，邀請士林區舞蹈班於台大交誼廳演出留影

1　家庭聚會

家人歡聚除了過年過節，每年的父母親節，兒女已不能免俗，一定請我們吃飯，是現今為人子女普遍的孝行。我深入探討這個現象，不外以下兩點理由：佳節前一個多月，各種傳媒大肆宣揚，百貨公司衣物打折促銷、各餐館飯店優待、各旅行業者介紹觀光優惠，宣傳奏效，此其一；同事、同儕相互比較，如何表達對父母示好，不能落人後，此其二。身為人子女如何表示孝心，最經濟又實惠的，莫如找家餐廳陪同吃個飯，買禮物、陪旅遊都要花較多金錢與時間，不合經濟實效，子女未成家，陪父母吃個飯容易多，成家後可能心有餘力不足。

兒女安排八八父親節晚上吃飯，因當日適逢週五晚上與同學有固定聚會活動，改週末午。內人忘了早與友人有約，只好又延至今天。四人吃個飯都要費盡心機安排，可見忙碌是當今社會很正常現象。孝順父母是從古至今的家庭倫理，而今金錢物質對父母示好謂之孝順，反而忽略更重要的精神親情，這難道不是物質已取代並超越精神層面嗎？

隨著時代潮流價值觀的改變，認為父母年老，花錢請人照顧，花錢送到安養中心，就好像盡到人子孝順責任，親情豈非是金錢物質可以取代？感嘆的是如沒有富裕的子女，父母病痛又如何是好？當今為人父母，是要做好四老準備，**老健、老本、老伴、老友**，不要凡事依賴子女，才有快樂的晚年，這點非常重要。

2014.08.10

2 談「芝山雅舍」

友人問起「芝山雅舍」之名何來？一則，為了持續「健群小品」出版，有別於「所見所聞所思所感」── 健群小品一書；二則，因住芝山公園附近，取其芝山之名。但這個承諾要兩年後兌現，每週寫兩篇小品，要兩年才有兩百篇，訂立目標，持之以恆。

寫作靈感大多來自生活所見所聞，與人聊談最易觸動所感，為什麼有人容易觸景傷情，其實生活週遭有許多話題成為寫作題材，只要您留心，處處留意皆文章。最近忙於校稿生活隨筆，發現兩年前寫的文章，詞句用語有許多不妥之處，為了維持原貌，除錯別字外，一律不修改。寫完二百篇，感覺越寫越順手，可見文章寫作仍須經常練習。

八月初前往佛光山參加 2014 年全國教師佛學夏令營，回來後準備寫幾篇心得感言，卻忙於「健群小品」一書校稿，加上 57 復興崗同學入伍即將滿五十年，半年多來，先後有七十人完成個人小傳，將集結編印出書。前者 200 篇小品為私，我一人校稿，後者 70 篇小傳為公，邀請到編審小組六位同學分工合作。這兩本書都要趕在今年 9 月 14 日同學會中與大家分享。如今發現如何支配、管理、善用時間，是需要有智慧，時間管理是每天人人都要面對的，不是嗎？ 2014.08.11

3 相見歡於佛光山之一

2014 年 8 月 1 日傍晚我們又回山，趕上藥石（註）。在會務中心報到的一群來自各地區的老師們，招呼聲此起彼落，大家都是來自全省各地，一起參加今年暑期佛學夏令營，老朋友熟面孔，只能從名牌喚起記憶，一年才見面一次，這也難怪。

此次佛學營男女比例仍是：男三分之一弱，女三分之二強，歷年來都是如此，證明女生較精進。編組、編寮房都是採各教師分會混合，讓來自不同縣市地區的學員，有機會相互認識。幾十年來，會有同房數次的機遇，正如佛經：「一個五百年修得擦身，這要修得幾個五百年呢？」「十世修得同船渡，百世修得共枕眠。」都是有緣來相聚；難得吔！

我形容一年見一次面的朋友，是真話，其實也是有原因的，十幾年來從第九期全國教師生命研習營到第十六期，每年寒暑假我很少缺席。自 2007 年開始每年只參加佛學夏令營，至今也有八年，每年回佛光山 研習佛學並禪修，當成修心養性最好的終身學習，今年課程以人間佛教的戒定慧為主題，融合了前三年的菩提心、出離心、增上心，加上去年的人間佛教法要，五年來的學習，使大家能使佛法融會貫通，課程精心設計，非常完美。高興的是可以見見老朋友，又可以認識新朋友，不亦樂乎！

2014.08.15

註：又作藥食，指禪林的晚餐。意謂服之以療饑渴。

4 相見歡於佛光山之二

此次研習課程為人間佛教的戒定慧。分別介紹如下：

1、慧開法師：人間佛教的戒定慧三學
2、永本法師：人間佛教的道德規範
3、永中法師：身心清淨的力量
4、慧倫法師：禪定與生活
5、慧昭法師：六祖壇經的智慧真言
6、鄭石岩教授：在家三學之實踐

每次佛學營，慧開法師的講授內容及電子檔深受大家喜愛，此次談戒定慧三學，更有深入的分析與研討，課後那本「生命是一種連續函數」，人人争相購買，法師簽「生死自在」共勉，這是一本探討生死學的正確認知，此善知識，難得聽聞開示；永本法師的道德規範，一方面固然消極的規範身心，止惡息罪；一方面積極廣修善行，廣作善事，發揮菩薩戒服務奉獻的精神，以期自利利他。這是所謂人間化的戒律；永中法師講解身心清淨的力量，從定的基礎，什麼是定，分析正定、邪定的因果，再談定的種類與層次，最後談到定的妙用～不隨境轉，自我提昇，從凡夫生滅的世界到聖賢涅槃的世界。

慧倫法師講禪定與生活，從定的意義、修定的綱要、深入淺出介紹，到禪與生活，讓我們開悟之後的生活是精神重於物質，是掙脫了物慾的牽繫，進而追求無上理想世界的生活。星雲大師云：「**一般人在日常生活裡，常為人我是非、好壞有無、苦樂榮辱而動心，甚至別人的一句話、一個眼神、一個動作而起心動念，這都是不能認識自己，因此不能自由、自在、自主的生活。之故，參禪悟道首先要學不動心。**」慧昭法師摘錄六祖壇經的智慧真言。善知識中談法住、法界、法爾如是、亙古今而不變，歷萬劫而彌新。引宗寶本：「慈悲即是觀音，喜捨名為勢至，能淨即釋迦，平直即彌陀。」都是智慧之語。

最後由鄭石岩教授以個人從小追隨母親學佛、修佛的在家居士，以所學心理學輔導專業的基礎，從在家戒的實踐，定的修持，慧的開啟，談現代人心靈生活的困境，如浪漫的自由和我執、疏離和虛擬的人際、功利主義、享樂等等，說出現代人普遍的心態。

有機會聆聽諸法師大德善知識，對自己身心靈的開悟，是生活意境的再提昇、精進，我樂於略述如上重點分享好友。

2014.08.26

5 相見歡於佛光山之三

夏令營課程之一（修持體驗），分成三個單元，人間生活禪「禪淨法堂」、「出坡實務」、走訪人間淨土「淨業林」每單元排訂三個小時。除「出坡實務」分組帶開，另兩課程，均有法師講解帶領。

我喜歡禪淨法堂是其來有至，從小住慣日本式宿舍，坐臥是榻榻米，盤腿的單盤或雙盤都很習慣，不以為苦。從行香、站香、坐香，體會師父叮嚀的調身、調息、調心，讓自己慢慢控制心念，身體的姿勢與呼吸能調得鬆柔，就能產生力量，所謂上座調身，安座位、裹膝蓋、吐濁氣，坐中調身，端坐盤腿，有雙盤腿、單盤腿、交腳坐（散盤），再引導入室，禪師父詳細講解，我們似懂非懂，用心體會。禪堂用語，如呼吸禪（初級修禪），慈悲禪（中級修禪），般若禪（高級修禪）都要循序漸進，非一蹴可及。

出坡實務，就是走到室外打掃環境，勞動服務之意，三百多人分組分工，如打掃外在清潔，廚浴的下水口、空調的出風口、冷氣的風扇頁，房間窗戶擦拭、欄杆金屬刷洗，佛祖神像清潔等等。一些作務的打理，大家忙得滿頭大汗，卻滿心歡喜，我們學員平時大多動口不動手，親身體會實務是最好的身教。

淨業林是修持念佛之所，在玉佛樓內，由師父帶引全體學員，齊念阿彌陀佛！人人大聲唱誦並跪拜行禮如儀，行進中雙掌合十，一趟兩趟無數趟繞行於玉佛堂內。頌唱師父丹田氣足，佛聲響亮清澈如鐘，幾千百遍阿彌佛陀聲，聲聲縈繞佛堂，感動落淚者有之。人人有感，此生誦念最多佛號，畢生難忘。

要感謝佛學夏令營特別的安排，讓大家有個人修持體驗，這是禪修營才有的課程，留下學習經驗分享。

2014.08.31

6 離席莫忘回首

在某次聚餐席散的當下，好友錦璋兄告訴我：「離席莫忘回首」。這簡而易懂的話，讓我時時提醒自己，身體力行。常常也告訴同席的朋友，牢記此語，受惠自己，減少不必要的損失。最常見的是帽子、眼鏡、手機、雨傘，甚至衣物等很易遺失。

此語用在職場另一種詮釋，當您離職或高升他就，回過頭來也要檢視，在職時長官、同事、屬下對您的評價如何？離坐、離職回頭意義看似有別，代表著人的健忘，忘了隨身帶來的東西，忘了別人對您的批評與讚美，事過境遷，日久遺忘，是痛苦或快樂，時間都會將記憶褪色。是好、是壞就是人生的過渡，卻是埋下因果的必然。

知易行難的日常生活小事，如能牢記心中，養成習慣，收穫、受惠是自己，如飯前洗手、飯後刷牙漱口、如廁前後洗手，衛生保健；走路眼觀四面，耳聽八方，自身安全保障；離席莫忘回首，東西不會離手，減少損失，雖都是小事，得到是健康與安全，是無形保障。

2014.08.20

7　敏感話語

日前與榮川兄相約在文史哲出版社，見彭社長正雄兄，共同研商出書事宜，為 14 期今年入伍屆滿五十年，同學們八個月來共襄盛舉，完成七十幾篇憶往點滴小傳，由榮川兄負責主編「走過塵土與雲月」一書。加上我兩年來隨筆小品「所見所聞所思所感」編印成集，將於今年九月十四日，趕在同學會上分送大家。

告辭彭兄離開出版社，彭兄舉例朋友常說，「送您一程」、「請好走」，或在餐席桌上說，我「先走一步」，都是無心之話語，但對六、七十歲以上的人，聽來會很敏感，應該說：「我先告辭」、「我先離席」，中國人在數字上對 4 及 44 都很忌諱，與死同音相關的數字都儘量要避免。因此小傳序號少了這兩篇，最後決議取消編號，以來稿先後排列文章目錄，可以減少無謂聯想。

我常鼓勵朋友要說正向語言，積極樂觀、好聽的話，必會產生正能量，而負面語言如消極、悲觀、不好聽的話，產生負面的能量。如我想喝咖啡、喝茶會睡不著，其實是潛意識思維的無形力量。心想可以事成，當然要多祝福，少唱反調。

聽說西洋人對十三日又逢黑色星期五不吉利，深信不疑，心中有疑慮做起事來就不顺心，東西文化雖不同，但在日常生活中有些禁忌，入鄉也要隨俗；時時說好話，心存善念都很重要。

2014.08.30

8　喜宴好友相見歡

過了農曆七月，接連幾個喜宴，傳統說法，人人隨俗，能避開討個吉利。我喜歡參加同學子女喜宴，準時入席後，離開席至少一小時以上，提早到場可以選擇佳位，又可與熟識同學同桌，同時可以見到許多老朋友，聊談別後。

喜宴是親朋好友見面最快樂的時光，餐前互動談笑，餐中走動敬酒，餐後各自道別。昔日在母校服務，轉眼離開二十載，在校二十餘年，得識許多長官、教授、同事、學弟，這份情依稀留在當年記憶中。回首看到晚一、二十期的學弟們也已卸下軍職，才驚覺他們也年逾半百，難怪看他們年輕，自己卻不知老矣！

晚唐詩人李商隱有詩云：「相見時難別亦難。」此語用在長官、同事、部屬及職場所有人，都是很貼切的譬喻。若不是有份機緣，見個面或許是許多年以後的事。同理，任何學習、歡樂的聚散是無常，不刻意安排，相見就是有緣。

2014.09.02

9 早課在佛光山

佛光山將我們佛學夏令營的每日早課，安排於清晨 5 點 50 分到 6 點 20 分。寺院的出家法師僧眾及在家居士們，都齊集大殿，念誦經文。中國的佛教界統一訂定農曆七月份為教孝月，我們佛學夏令營正逢其時，四天早課大家誦念《佛說父母恩重難報經》。許多人第一次誦此經文，心中讚嘆佛陀二千五百多年前的禪觀般若智慧，而所具有的本自清淨金剛慧眼。

我認為為人父母、為人子女者必誦此經，才能體會父母生我育我之苦。古云：「百善孝為先。」善為福之基；孝為德之本。昔日我上課常告訴學生，交朋友有四個觀察，其一，是否孝順父母友愛兄弟姊妹？其二，同儕、同事是否喜歡與你相處？其三，是否是長官的好部屬、部下的好長官。其四，週遭的人是否大多數人都喜歡您？如是，此友可交往。如對父母不孝、姊弟不睦，您豈能相信他會對朋友好？同學、同事常相處，對你了解必最多，得不到他們喜歡，此友慎交。長官部屬與您有直、接間接利益關係，是好、是壞很容易了解，大多數人喜歡的人，必有他人際、人緣好的長處，可交友。以上所提，放諸四海皆準。

連續四天的誦念，每念一次都有更深的感動，相信所有參誦諸法師及居士大德都有相同的領悟。誦念千百回，方知父母恩重如山、情深似海。如果至今您未曾誦讀此經，建議您即刻上網，就能如願拜誦。遲來的感動，亦是幸福！

2014.09.04

10　校稿的心聲

生平第一次出書，得到是一些寶貴的經驗。首先要將全書文字檔送交出版社排版打字、設計封面、訂定目次。加上作者簡介、內容介紹等相關資料，一則可讓讀者很快了解書中內容，二則有文宣效果。然後送相關單位申請 ISBN 認證，才可印製成書。這本書有著作權（版權）、有條碼、有訂價，可以出售。

文史哲出版社是一家經營逾半世紀以上的老店，因緣際會下認識彭社長正雄兄。此次出書「所見所聞所思所感 — 健群小品」，正好趕上同學會贈送。本期同學會發起入伍 50 週年人人寫小傳，八個多月來，有七十幾位同學的作品，在 57 復興崗部落格陸續發表，得到熱烈回響，如今方能出版「走過塵土與雲月」一書。這兩本書都同時要在短時間完成校稿，前者 200 篇小品，我一人校稿，另也請幾位好友幫忙。後者 72 篇分由 4 位同學分工交換校稿，在電腦文字檔修改，傳送方便又快速，只是經過一次、兩次、三次校正，仍發現有錯誤，方知校稿之難與辛苦。

事到臨頭方知難，不經一事不長一智，凡事親自第一手體驗的經驗最寶貴。我很佩服台大退休聯誼會陳理事長福成師兄，二十幾年來有百來本著作的出書經驗。難怪今年能榮獲國家文藝獎五四文藝節文藝創作獎殊榮。　　2014.09.07

11　認知需求～談價值觀

昔談思想議題常說：時空決定對錯、認定價值、改變思維。因為隨著年歲增長，人人受到外在環境的影響，思想觀念是會改變的。

我常觀察週遭一些認識的友人，無奇不有的個性，來自於認知的需求，行為上產生價值的差距。舉例說有人愛喝酒、吃檳榔、喜賭博、喜好骨董字画、看電影、聽戲等。日常生活中許多的嗜好，有好有壞，的確會影響他們的價值觀。省吃儉用的人寧願花大錢在這些嗜好上，卻捨不得花些錢買較好的衣著上。是否您發覺最親近的家人、子女您都無法改變他們，反躬自省，您是否也一樣？捨得花這個卻捨不得花那個。這就是每人的認知需求有別，產生不同的價值觀。

當別人喜歡的嗜好，如抽煙、喝酒、打牌等，而您厭惡，我學會尊重、迴避而不加批評、干預或反對。這是他們的價值觀，我們無須促其改變，也很難促其改變。要學會身心自在、樂活當下。也許這就是孔子所說：「七十而從心所欲，不踰矩。」

2014.09.08

12 談誠心舞蹈班的緣起

2012 年 4 月 11 日，中山市場三樓舞蹈教室正式開班，命名為誠心舞蹈班，成員來自東湖活動中心的一些老同學，另招收臺北中山、士林附近的同學。兩年又五個月後的今天2014 年 9 月 10 日，下課時，老師突然以體力不勝負荷、身體健康為由宣佈停課，讓大家一臉茫然，心中不捨。

開班前為了租借場地，我與奎章陪同沈曉涵老師走訪中山區公所，很幸運的承租星期三下午一點到四點時段，可以使用中山市場三樓舞蹈專用教室。為了買音響及麥克風，走了好幾家音響專賣店，總算如願購置。

開班起頭難，我靠地緣關係介紹一些有興趣學舞的友人，如期開班。開始上課約有十六人，因程度參差不齊，後來分初級與進階兩個班，同學進進出出，人數一直沒有固定。結果初級班一年後停班，保留進階班，人數維持十人上下。因為人少幾乎享受個別指導的待遇。在老師熱心、細心、耐心教學下，年齡五十歲到七十歲的我們，也學了不少舞步，先後參加兩次的成果展演出，分別是英式探戈及倫巴舞。表演前三個月，每週密集練習，大家都有顯著進步。

如今結束舞課，大家依依難捨。我鼓勵他們到士林公民會館繼續學舞，一則當運動，二則大家可以常相見。凡事緣起緣滅是本然；天下無不散筵席；花開花落終有期；春去秋來春又回；無常變易是正常。生活中，常以這些話自我安慰。然而緣起的相見歡樂，緣落的悵惘別離，總難免令人感傷。

金剛經說：「**凡一切有為法，如夢幻泡影，如露亦如電，應作如是觀。**」佛經說「**凡所有相，皆是虛妄。**」生活與學習的聚散，都是如影隨形，豈不然？正向以平常心淡定視之，可也。

2014.09.11

13 比較下的分別

凡事有比較就有分別，有了分別就如：善惡、好壞、美醜、貧富、貴賤、高矮、長短、胖瘦、大小、粗細等這麼多的相對。莊子思想談到人因為有五種心，才會起煩惱，特別要我們戒除比較心、虛榮心、偏執心、貪戀心以及是非心。但凡人豈不每天時時刻刻，為世間的名聞利養、五欲六塵、七情六欲所苦，佛家說少欲得解脫是很有道理。

佛光山佛陀紀念館左右大門進出口處大牌樓上，很醒目的四個大字「解脫」「自在」，告訴大家，人只要能解脫就自在，能自在就解脫。這是相對的認知，但是真正想要獲得自由自在解脫的人，是難上加難。你看，世界上有的人為了錢財而不能自在；有的人為了感情而不能自在；有的人為了名利而不能自在。可見凡事要做到沒有比較、沒有分別是不容易的修持。

事實上名聞利養、功名富貴，都是過眼雲煙，都是夢幻泡影，誰能看破、誰能放下，就能得到解脫自在。

2014.09.13

14 圓滿成功的同學會

103 年 9 月 14 日是政治作戰學校 14 期入伍 50 週年值得紀念的日子，因為 50 年前的這一天，來自全省各地區高中應屆畢業的男女同學三百餘人，不約而同齊聚於復興崗，開始接受為期 11 週極嚴格的革命洗禮～入伍訓練。往後四年的大學生活，大家有緣朝夕一起學習、訓練，同甘苦、共患難，奠定了我們同學深厚的革命情感至今。

第六屆服務團隊於一個月前即規畫籌備此次同學會，會長交付服務團隊完成分工，地點訂在臺北國軍英雄館喜宴廳，一個月後的今天與會師長、同學及眷屬將近有二百餘人參加，真是難得，大家認為是一次成功圓滿的同學會。

這些天連續接到多位同學來電致意，身為幹部成員之一的我，甚感安慰！大家的辛勞受到肯定嘉許，特別要感謝同學的共襄盛舉。半個世紀在人生中能否再有一次？

值得一提的是出版「走過塵土與雲月」同學小傳一書，與會同學人手一本，看到同學在各個工作領域的成就，這豈是年輕時考入軍校高中生所能想像的？當年許多人因家庭環境，讀不起大學或考不上大學，如今英雄不怕出身低，博士、教授、校長、大律師、大畫家、將軍比比皆是，有二十幾位升了將軍（四位中將）將近有四分之一同學上校官階退伍，這是國家軍事教育所培育的成就，我們引以為榮。在 50 年同學會留下此感言。當年讀軍校的豪情：十年、二十年之後，與讀大學的高中同學比，並不遜色。

2014.09.19

15　逾 14 萬人次點閱 57 復興崗

接 14 期 blog 的感言與期許：

四年前尊仙兄首創 14 期部落格，經幹部會議定名為 57 小坪頂，寓意難忘入伍於小坪頂，兩年前由奎章兄接任，名為復興崗 2011，2013 年新會長華淼兄囑由我接手，更名為 57 復興崗，寓意 14 期於 57 年畢業。在在懷念 47 年前於復興崗四年同學情誼。

二年會長改選，資訊工作換人，因為經營 Blog 費時、費心、費力亦費神（傷眼力），為眾同學服務很難盡人意，深知是件吃力不討好的工作，但盛情難卻，與華淼兄的交情（入伍同班、母校一起擔任學生營長、校部科長）義不容辭下只能答應。心知能力有限，可能力不從心，但本著終身學習的精神，願鞭策自己，不恥下問。所幸前兩任版主及格主應允義無反顧指導。願在兩位建立好的基礎下，全力以赴，樂當同學資訊志工服務員。

接手此工作後，原則上以簡單、單純為主，它是 14 期同學共同資訊的平臺，透過它傳遞大家的信息，分享大家的喜悅，僅提出幾點期許，希望同學予以支持配合。

這是 2012 年 11 月 26 日我 po 在同學 blog 的一篇文章，距今 2014 年 9 月 20 日將近兩年，喜見點閱人數突破 14 萬人次，達到每日平均多達兩百人次點閱，這是可喜的事。

兩年資訊任務即將卸任，新任會長勝隆兄囑我協助，我當然義無反顧支持，但一定要交棒，哪位同學願意幫忙新會長？也就是擔任第四任資訊長，從 2014 年 11 月起兩年任期，同學部落格正式邁入第七個年頭了。

2014.09.20

16　天災、人禍

臺灣是美麗寶島，光復至今，中華民國先後有二千三百多萬國民，有幸住居這片淨土家園上，安居樂業將屆七十年。我是光復前一年底出生，在臺灣享受沒有戰爭安定的七十年，同時代的三、四年級以後出生的，何其榮幸有此福報，我們人人應該惜福、知足、感恩。

唯一不可避免的天災是颱風與地震，這是海洋性氣候及海島地形所要面對的宿命，雖然颱風可以預測亦可防範，但强風豪雨帶來農作物的損害及土石流的危害，都是不可預料的。每年的損害所造成的生命財產的傷亡更是不計其數。地震的傷害尤甚，這是天災。臺灣的人禍是農藥過度使用，加上食品安全的認證疏漏，產生人為的安全問題。最近發現餿水油、地溝油的回收再生，涉及許多知名糕餅業、大賣場及大小餐飲業，危害人體健康，禍延子孫，沒有有形戰亂的人禍，卻有險象環生，無形的殺手在生活週遭中，潛在而看不見的食品安全，讓人防不勝防。

消極上儘量減少外食是自保。積極上除了政府相關部門要嚴格把關，教育上要人人有公德心，品德上不做違背良心的虧心事業，使人禍降低到最少，這需要長期的宣傳與教育，非三年五載不能見其功。

天災人禍，前者可防患未然，減低傷亡，後者人人可發揮良知良能，靠執法不能面面俱到。而如果借助宗教慈悲行善的力量，當可事半功倍，您以為呢？

2014.09.21 鳳凰颱風夜

17　又見欒樹開花

每年九月中旬過了中秋，臺北各地欒樹陸續綻放淡淺黃色花蕊，這是台灣欒樹最繽紛的時節。圓錐花序的星狀小黃花，一串串掛滿枝頭，煞是美觀。遠近觀賞有不一樣的美。在芝山公園山腳下、在雙溪河濱公園步道兩旁、在天母忠誠路一、二段兩旁及分隔島上，現在處處可見。十月至十一月由淡紅轉為金黃的槊果，變成粉紅色最美。十二月份進入冬季，花果變黑就逐漸凋謝，我每年目睹前後三個月花開花謝的過程，都有那種無常瞬變的感慨。

花果植物從不懈怠，什麼時節開花結果，是成長的過程，而花開花謝也是生命的必然，一切都是那麼自然。只是人們睹物有情的感傷而已。凡人心由境轉，有道者才能境隨心轉。一年四季春暖花開、秋去冬來春又回，年年如是，這是天地運行的自然。凡人受制於季節氣候變化，生理上、心理上，無不受到不同深淺的影響。

每天朝暮漫步於芝山公園腳下，呈現一年四季花草樹木的變化，記錄當下感想，是筆下靈感的悲喜情愫而已。

2014.09.23

18　送書亦因緣

近期個人出版人生第一本書「所見所聞所思所感」～健群小品，趕上 2014 年 9 月 14 日於 14 期同學入伍 50 週年紀念大會上，贈送與會同學，省了郵寄數千元費用，最近分別將書寄送親友，一本書以掛號郵資國內 55 元、大陸 217 元、美國 368 元，包裹一次可寄八本 80 元郵資，出書要送書是心甘情願，郵寄國內外都很方便，只因分享是一種快樂。

送書亦要因緣條件俱足，書很重只好開車到出版社取回，順途送臺大存放聯合服務中心 40 本，要送臺大退聯會同事及志工朋友們，搬運一箱 20 本重達 18 斤（每本重 560 公克），搬完 15 箱 300 本，翌日感到腰酸背疼，才發現體力已不如前。返家就近贈送鄰居好友，陸續又到郵局寄南部親友，臺北有全統會、佛光山臺北教師第一分會、健康長壽早餐會、社大同學、舞班同學、網球之友、高中同學及弟妹們等諸多團體分送，能當面送書合影留念，送者、受贈者兩相歡喜。

今天參加臺大登山社活動，帶了兩本書準備送見面友人，分別送了登山會會長徐年盛教授及昔日我的學務長羅漢強教授，這是登山的因緣。在芝山郵局寄了好幾次書，陳小姐得知是我寫的書，請我送他一本，這是隨順因緣，那天與美國回來的佟光同學聚餐，在公車上巧遇學生時代的訓導員，將書相送，這是邂逅因緣，那天舞蹈班同學美琴請吃飯，來了許久未見的雪若、家瑩兩位友人，也拿到我的書，這是餐敘因緣。

以上種種因緣，沒有刻意安排，卻在生活中常見，許多事物是要有因緣條件具足才能促成，所謂圓滿究竟是也。

2014.09.29

19 身與心要健康

人的身與心是一體的，可說一體之兩面，相輔相成，生理的健康影響心理健康。同理，心理健康亦影響生理健康，可惜許多人只重視有形的生理健康，而忽略無形心理的健康。

昔日講授思想理論課程，講解心物合一的重要，但仍強調精神重於物質，身心健康好有一比，「心理」重於「生理」。年歲漸長，感覺生理機能逐漸退化，最明顯的耳重聽、視模糊、齒動搖，雖拜醫療之賜，可以改善，但畢竟有其不便，助聽器、老花眼鏡、假牙或植牙，都不是身上物，感覺不自然。所幸年近七十的我，沒有這些煩腦，看到年紀稍長的人，為眼、耳、牙疾所苦，有老而不中用之感嘆！

許多人忽略心理疾病，如佛學中講貪、瞋、癡、慢、疑五毒，人老了會更嚴重。君不見一些老人多疑、嘮叨、小氣、貪欲、憂鬱、焦慮、不安、嫉妒、憤怒、悲傷等等，都是心的毛病。這些情形尤其會發生在宅男宅女（足不出戶者）身上，如何杜絕，要從修心養性中做起，要有慈悲心、感恩心、寬恕心。起碼不起怨恨心、妒嫉心、憤怒心，則永保身心健康、平安快樂且幸福。 2014.10.01

20　秋涼好時節

台灣寶島四季如春，天氣變化不大，近些年來，夏日炎熱酷暑難耐，冬天感覺又濕又冷，大概與地球逐年暖化有關。今年 9 月 23 日秋分之後，明顯早晚有些許涼意，中國農民曆對 24 節氣（註）的推算很精準，從立春、夏至、秋分到冬至，讓您有四季分明的感覺，但臺灣地屬海洋型氣候與大陸型氣候有明顯的不同。臺灣夏天酷熱冬天濕冷，對一些支氣管患者比較不宜居住。

晨間傍晚健走於芝山岩環山步道上，但見滿地落葉，秋天的腳步顯現在花木間，早上熱心人士打掃乾淨，黃昏秋風又吹下落葉，給人一種淒涼感覺。樹上不時飄下落葉，與春天綠意盎然形成強烈對比，憶起宋朝無門慧開禪師這首詩：**「春有百花秋有月，夏有涼風冬有雪，若無閑事掛心頭，便是人間好時節。」**開悟的人只看到百花、明月、涼風、白雪，因為他沒有閑事也無煩惱掛心頭。凡人卻感傷一年四季的變化，多愁善感。

我常說「心由境轉」是眾人，「境由心轉」是開悟的人，不是人人可以有此心境，人往好處看、往好處著想，心境就會改變。就像我們一生中要歷經生老病死的無常，榮辱得失的好壞，但看是人生的必然過程，都不掛在心上，即就是人間好時節，您說是嗎？

2014.10.04

註：二十四節氣的名稱分別是立春、雨水、驚蟄、春分、清明、穀雨、立夏、小滿、芒種、夏至、小暑、大暑、立秋、處暑、白露、秋分、寒露、霜降、立冬、小雪、大雪、冬至、小寒、大寒。

21　巧遇的機緣

很巧，最近在臺北的公車及捷運車廂內，先後遇到不常見面的友人，這種或然率實在很低，也許是有緣來相會吧！約一個月前，在民權西路捷運上，遇見多年前在一起學舞的同學，退休後由高雄返回臺北住所，今天他學舞下課，我們卻在同一車廂碰了面；半個月前在公車上遇到學生時代的訓導員；日前在往臺大捷運中，於中正紀念堂站，遇見 15 年前在成功嶺一起授課的葉教授；今天 10 月 5 日參加每月一次的早餐會，在芝山站同一車廂，遇到社大同學麗真伉儷，雖是不約而同的巧會，彼此都很訝異。

不刻意安排而能邂逅，我在國外旅遊有兩次經驗，約二十年前，在澳洲布里斯班機場，一對新婚夫妻度蜜月，男的喊我主任，一問原來是 74 年班畢業的學生；約十年前在奧地利國，某一城市馬路上，看到一行自行車隊，手持中華民國國旗，好奇佇足觀看，那位領隊認出我當過他學生時的營長，彼此興奮不已，他鄉遇故友，同遊友人也很稱奇。

聽說此生來相遇的親朋好友，都是前幾世修來的福，不可思議的因緣和合，老天安排大家又碰了面，是愛人、是情人、是恩人、是仇人、是長官部屬、是同事同學，都要惜緣修福，誰知道幾世、幾代後，又是碰在一起或成一家人！

2014.10.06

22　最天眞純潔的友誼

我們是來自麻豆曾文中學第六屆高中的同學，民國 53 年 7 月畢業，其中有六位同學是初中直接考上高中（我是其一），大家相識結交逾半世紀。青春年少是最天真無邪、最純潔珍貴的友誼，我們有緣能保持這份情誼，一起走到今天。如今都從職場退下來，許多人已享含飴弄孫的生活，回憶起當年歲月，彷彿如昨。

跨足兩岸演藝界知名影視明星劉畊宏，其父親劉志成是我們高中同學，他每到臺北，通常由我安排時間請台北的高中同學聚會，今天大夥相見歡於天母 Sogo 鼎泰豐，我送給同學每人一本「健群小品」。秀菊說應附贈放大鏡，大家都年近七十，老花是自然。彼此相談五十年前往事，許多老師已離世，不無感傷。難得出席的蔡秀菊是唯一到會的女同學，不減當年的活躍健談。

今年高中畢業整整 50 年，請麻豆同學辦同學會，卻少了熱心同學出面召集，不無遺憾！所幸在台北同學常有聚會，懷念高中準備大學聯考的苦日子，如今反而有苦盡甘來感覺，我們一起走過塵土與雲月，往事可堪回首。今天到會八位同學留影。

2014.10.8

23　兒孫自有兒孫福

常言道：「**兒孫自有兒孫福，莫為兒孫當馬牛。**」日前參加每月一次早餐會，好友警聲雜誌張屏社長告訴我說，孫女已三十好幾，當年她奶奶一直不鼓勵她結婚，到晚年臨終前，後悔說將來擔心老來沒伴，生病乏人照顧，總是為子孫擔憂。我說：「時代在變，社會在變，潮流也在變。」目前老年養生館運應而生，正是解決老年子女未能照顧，或單身老來無伴的的社福問題。一些旅居國外多年的人，終老前紛紛回國住進老年養生健康中心，花些錢可以安享老年無憂無慮又有醫護完善照顧的生活，擔心老人生活無人照顧是多餘的。

最近看到幾句發人深省的話，摘錄如下：

＊一句瑞典格言說：「我們老得太快，卻聰明得太遲。」不管你是否察覺，生命都一直在前進。

＊有時間出去走走；退休後，我們就要好好享受一下。人人都很願意犧牲當下，去換取未知的等待；犧牲今生今世的辛苦錢，去購買後世的安逸。

＊一個人永遠也無法預料未來，所以不要延緩想過的生活，不要吝於表達心中的話，因為生命只在一瞬間。

＊有時間出去走走；退休後，我們有許多事，在你還不懂得珍惜之前，已成舊事；有許多人，在你還來不及用心之前，已成舊人。

我以為：要好享受當下的歡樂，誰知道無常變易隨時帶來的福禍。做為本文小結。

2014.10.11

一個人，心念變了，德行就變了；

德行變了，氣場就變了；

氣場變了，風水就變了；

風水變了，運氣就變了；

運氣變了，命運就變了。

所以，改變命運真正靠的是自己的正能量，厚德載物。

而不是身上配戴的各種護身符、轉運珠…

內心善良、柔和、寬厚，必長福相，那是多麼昂貴的化妝品都裝扮不出來的，相由心生，境由心轉。

古人云：人心生一念，天地盡皆知。

善惡若無報，乾坤必有私。

有些人，似荷，只能遠觀；有些人，如茶，可以品；

有些人，像風，不必在意；有些人，是樹，值得依靠；

一切皆緣也。

人生就是一場修行，修的就是一顆心，心柔順了，一切就完美了，心清淨了，處境就美好了，心快樂了，人生就幸福了。（摘錄網路）

24　憶 50 年前兩張照片

1964 年 4 月份參加高中畢業旅行，分別於彰化八卦山及野柳兩個地方留影，距今已逾半個世紀，當年二十出頭正值年輕力壯，如今邁入七十耄耋，感嘆歲月匆匆，不勝唏噓！

當年畢業旅行，行程中安排了中正理工學院及政工幹校兩所軍事院校參觀，前者是理工甲組，後者是文科乙組，參觀時我心想不可能讀軍校。命運作弄人，想不到是年九月份我就來到了政工幹校報到，是因緣關係或是命中註定？讓我穿了三十一年的軍服，如今難忘十一週入伍訓練的甘苦，也非常懷念四年軍校生活，更不會忘情於排長、連輔導長四年（兩年在金門）部隊基層的生活，往後有 23 年分別在母校復興崗及臺灣大學擔任隊職與教職。我何德何能，何其有幸，穿上軍服，能在安定的單位工作。

早期的教育往往決定了您未來一生的職業，雖非絕對，但很難跳脫教育之外的領域。如讀師範、醫學、軍校，當了一輩子老師、醫生、軍人，好像是天經地義的事。如今多元化社會，所學非所用，彼彼皆是。社會大染缸之下，各行各業各有一片天，行行出狀元，努力的空間無限寬廣，命運操之在己，您說是嗎？

2014.10.16

25 師生情緣

隊職與教職同屬教育工作，但前者身負生活管理與教育訓練雙重任務，要為人師亦要兼經師之責，凡日常生活言行舉止都要當學生表率。我在母校從基層隊職中隊的區隊長、訓導員、中隊長（連長、營輔導長、營長）到學生指揮部訓導主任，前後有 13 年的隊職生涯，與學生朝夕生活在一起，體驗帶學生的那分情緣，您苦口婆心用愛心帶他們，雖有責備或處罰，但日久之後他們仍會感激並懷念您！

今天參加 66 年班～70 年班學生第四連的聚餐，席開五桌，看到當年吳樹群連長用心帶學生的感情，得到見證，我以營輔導長與當時任營長的汪嗣基學長受邀參加，事隔 37 年後，仍看到學生對我們的尊敬，這是身為隊職官辛苦最大的代價。

看到許多學生在各行各業很有成就，在軍旅中升了將軍，擔任重要軍職，我們深感欣慰！汪營長已高齡八十有二，身體康健，致力養生教育宣導不遺餘力。他回憶說這都是 37 年前往事。當年學生如今都近六十歲，相見歡談往事，杯酒交歡，許多學生在研究班二度師生緣，我擔任思想戰授課，成為經師，隊職、教職角色確實有別。

2014.10.18

26　所見所聞所思所感～

健群小品……親友的來信

之一：

信義賢弟如晤：

日昨由素美妹轉來大作〈所見所聞所思所感〉閱罷深知書中「有誠有信有情有義」展讀之後又深悉賢弟精心之記憶，閱歷之廣博，猶如處世方針，亦似他山之石，為之讚賞不已。

全書 202 篇，篇篇如詩，410 頁，頁頁如畫，句句誠摯，珍珍有味，實乃不可多得之佳作。健群小品，誦讀再三，翻閱數次，為之動容，不忍釋手，特修書聊表謝忱與欽仰！

隨函奉贈去歲由素美伉儷代為付梓之〈世界民謠 60 曲集〉計有春、夏、秋、冬四輯，嘗自豪為臺灣唯一，世界無雙，敬請查收或珍藏吟唱，以為懸念，如有南下，當期移駕一敍多年別緒，暢談憶往。玲珠、坤德諸弟妹……。並祝安好！愚兄新富於 2014 年晚秋高雄居次

回函：承蒙新富大哥、桂芬大嫂來函、來電的稱許，勾起過往短短相聚甜蜜的回憶，當年家父帶同做客於大埕國小，時隔有半世紀，仍然記憶猶新，大哥大嫂一生奉獻教育桃李滿天下，子女學成歸國事業有成，是我們弟妹很好榜樣。尤其感謝贈送世界民謠 60 曲集非常珍貴，弟當收藏時時翻閱

吟唱。藉 blog 發表此文，聊表感恩與感謝，敬祝身心健康！萬事如意！弟信義敬上

2014.10.20

之二：

信義舜玉賢伉儷喜鑒：

您倆的心靈傑作「健群小品」覽讀全書一遍，心神隨著情節舒暢無比，一篇篇都很精彩，給我的感覺：內容精湛，文氣輕快、幽默，充滿人文哲理，小故事襯托出大道理，用詞遣字雋永流暢，含蓄深長的情韻，散發出人性的光輝，具啓迪讀者向上向善的功能，意境崇高，情節優美，實在是一本好書喔！言不盡意？耑此敬賀萬事如意！澤第百福！愚兄周平 103.10.06

回函：憶 15 年前，一起在成功嶺相處三年多的歲月，雖只每年寒暑假的共同教學，但您給我做人處事的影響是深遠。您帶兵正直、仁慈，對上以敬、對下以慈、對人以和、對事以真四點都做到了。別後雖鮮少見面，但情誼永固，常拜讀您愛國情操的言論，是典型知識分子的風範。祝福您政躬康樂！闔家歡樂！弟信義敬上

之三：

吳大哥：

在上星期已收到您的書，令我興奮不已。謝謝您這麼的有心並讓您在郵資上破費不少。每次閱讀您的書，就像和您面對面的談話，那麼的溫馨親切。無論我到那兒都帶著它，

並且告訴外國友人您的著作，他們也被我感染了那分喜悅。仔細的閱讀每一篇，亦令我身歷其境，故事中的人物有些我也認識。每日限制自己只能閱讀二、三篇，像是好友每日的相聚。

吳大哥，再次感謝您的用心，及對我的關懷。代問候另外三位友人，很想念他們。願我們很快的再相見。Love Kelly 2014.10.06

回信：謝謝您的厚愛，個人小品能引發同樂分享，感到欣慰，您說每日二、三篇，像是好友每日的相聚，讓我很感動。從今年九月起，每週寫兩篇「芝山雅舍」我都會以 Line 傳給您，拜資訊網路無遠弗屆之賜。預訂兩年後再出書分贈好友。目前每篇都先 po 在「健群小品」blog 分享，已轉達您問候幾位好友之意，並獻上大家對您的祝福，平安康健！天天樂活！吳大哥敬回

註：拙作「健群小品」一書贈送好友，承蒙許多嘉許讚美，委實不敢當，分別摘錄家堂兄新富校長、周平教授及美國友人 Kelly 傳來 E-mail 及信函，深表感謝之餘，特將來信及回函 po 在健群小品 blog 分享。

2014.10.20 信義附筆

27 憶黃怡潔女士

今天傍晚茂春兄來電得悉：其夫人怡潔女士於上月 28 日睡眠中往生，一時讓我不能接受此不幸消息，心肌梗塞走得無痛苦，對本人是善終，對家人是福氣，這是她一生修來的福報。

有緣認識吳茂春博士賢伉儷，要從 18 年前說起。在臺中成功嶺授課時，周平老師介紹黃永安先生與我認識，當年他擔任師主任的文書官，短暫的軍旅相處，卻建立了永久很好的友誼。永安老弟畢業於臺大，退伍後，其兄弟分別繼承父親留下的剪刀事業，這要歸功其大姐怡潔女士，將父親祖傳的事業傳承下來。永安排行最小，其上幾位哥哥研究發展剪刀事業，有其不同領域，各有千秋，剪刀可以外銷德國，成為精密工業醫療器材，其兄千哲先生屢獲國際成就獎。有幸在茂春夫婦陪同下，見識他們幾位兄弟的剪刀公司，嘆為觀止，剪刀製作以人體功能力學原理設計，可以指導寫出博士論文，許多研究生爭相追隨學習。

怡潔女士年輕時在香港遊走商界，為父親事業分勞解憂，非常能幹，是虔誠佛教信徒，一直護持華梵文教事業。這幾十年來熱衷玉石古玩字畫，蒐藏文物甚多，有幸在他住處欣賞，如當年成吉思汗打獵的活動座椅，明代傢俱，各類茶具瓷器，珍藏無數。2000 年後，每年訂製限量手工茶壺分贈，我有幸是受贈好友之一，如今睹物懷念故友，略述過往，一分追思，無限懷念。

寫於 2014.10.21 晨

28 請不吝多讚美

生活中要做到三好運動，即要身做好事、口說好話、心存好心，三者中最容易做到的是說好話，可是多少人卻吝於讚美。老師若能時時讚美學生，則學生功課進步神速，長輩若經常常讚美晚輩，則可激勵其上進之心，師父不忘讚美徒弟，徒弟必日益精進。同理夫婦、兄弟、同事，若都是好話不斷，相信彼此都能一團和氣。做好事、存好心，要以行為與行動表現，不若說好話隨時隨地可行。

有此感慨是一些人不但不說好話，還喜歡批評指責並說些負面刺激的言語，逞口舌之快，無意中卻得罪許多人。朋友漸行漸遠，還不自知，忠言逆耳不是人人願聽，反而喜歡別人的稱讚，這是人性。出口是批評、牢騷、不滿，心理就不健康，久而久之，相由心生，別人就不會喜歡與您相處。道理很簡單，可是當成為個性，秉性就積習難改。

我很喜歡講佛教的布施有三種，財施、法施、無畏施，沒有錢財布施，可以讚嘆別人布施，或者看見別人布施時，心存歡喜或發願將來能相互幫助，共成其事。何況，對別人講述人生的經驗或布施利益，並不需花什麼本錢。連默默的關懷和祝福都是一種無形的布施。

以下有七種布施是不需要花本錢的，這叫做無財七施：

一、為顏施：對於別人給予和顏悅色的佈施。

二、為言施：向人說好話的佈施，存好心、做好事、說好話，並勉人確實力行。

三、為心施：為對方設想的心，體貼眾生的心的佈施，即同理心。

四、為眼施：用慈愛和氣的眼神關懷別人。

五、為身施：身體力行幫助別人。

六、為座施：讓座給需要的人也是佈施。

七、為察施：不用問對方就能察覺對方的心，並給予相對其所需的方便的佈施。

以上所述，非不能為，其實人人可為。從今天起就自我相許，請不吝多讚美。

2014.10.24

29　話不宜說太滿

與友人聊天，談起一句台語：「講話不可鐵齒」翻譯成普通話，即不要把話說得太滿，因為一語成讖的例子常見生活中。您不能不相信，無心的話會成真，因此說話要謙虛、宜保留、不自滿、不悲觀、不鐵齒，以免傷害自己，自食後果。不論是好話壞話，盡量說吉利話，諸多不願發生的事情，事後成真，雖不是禍，但事與願違，不談好與壞，禍福從口出，演變成真的實例，屢見不鮮，願提供幾個例子分享。

其一：內人於師院在職進修時，三位外省籍好同學均未婚，閒聊終身大事，三人共識不嫁本省人，總覺得生活習慣、思想觀念有落差。在五、六十年代，大多數外省人娶本省人，而外。省人嫁本省人是少之又少。想不到後來他們三位全嫁給本省人。

其二：我在師大進修時，一位教授說，當年 27 歲拿到博士學位，在某大學當了系主任，是獨生女，更是大家公認才女，條件很好。當年她說結婚有三種條件不列入考慮，職業軍人、個子不高者、姓朱的，後來嫁的對象三者皆備，可見人不可預設立場，話說得太滿。

其三：民國 53 年 4 月，高中畢業旅行，行程安排參觀兩所軍校，中正理工學院與政工幹校，我無心說我不可能來讀軍校、不會當職業軍人。想不到是年九月，我就來到政工幹部學校報到，往後歲月穿了卅幾年的軍服，人真的不可「鐵齒」。

其四：認識一女性友人，聊起當年曾到舞廳瘋玩，同事告誡她要當心以免受騙。年輕的她，自信滿滿的說我不騙別人就不錯了，哪能被人所騙？事後她後悔說真的被騙，我不便追問被騙什麼？

總結以上案例，得到的教訓是：話不宜說得太滿，以免一語成讖。諸如自誇身體很好、很有錢、很聰明、很幸運，或從來不生病、感冒等等言語，都會遭受或多或少的靈驗。聽說年紀大的人，不可敲鑼打鼓過壽，否則驚動了閻羅王，很快要您報到去！雖是笑話，正是不必太炫耀自己的年齡，一些話語會成讖，因此寧說吉利好話，不說詛咒的話，您說是嗎？

2014.10.30

30 亦師亦友相見歡

身為隊職官，四十年後的今天，學生仍然懷念當年生活，身為隊長的我，與有榮焉。今晚應邀參加 64 年班十中隊的聚會，高興的心情，與他們多喝了幾杯，算來我比他們虛長七、八歲，如今大家都逾一甲子，從二十幾的年齡，到今天有泰半學生第一次見面，相見歡不在話下。

看到名冊對照本人，依稀浮現記憶中的臉龐，請大家簡述畢業後的工作經歷，不論在軍中、在教界、在社會都很有成就。看到 64 年班（21 期）的學生，回憶當年 31 歲的我，擔任少校中隊長，他們印象深刻，管教很嚴，自己言行舉止，確實做到身教、言教，聊談四十年前往事，歷歷在目。

有機會送給每位學弟分享我的小品近作，餐後大夥合照，我答應每年參加聚會，告訴他們：長官學生是一時的，建立的友誼～革命情感是長長久久的，大家都認同。

2014.10.31

31　使用 Line 的便捷

Line 自 2011 年 6 月推出，短短三年半，全球用戶已經超過 3 億 3 千萬，每日持續幾何級數成長中。從台灣的資料庫數據顯示，目前共有 1,700 萬用戶註冊。LINE 喊出了在 2014 年要達到全球 5 億用戶數，並進軍更多的國家。這是智慧型手機驚人的魅力。

生活現代的年輕人，幾乎人手一至二隻智慧型手機，連幼稚園小班、甚至三、五歲的幼兒都會玩平版電腦遊戲，不是他們比大人聰明，而是環境使然使他們熟練操作技巧。就如；從小生活在英國，英語自然流利的道理。加上孩子學習力强、記性好、反應快，大人反之，我們自嘆不如。

使用智慧型手機帶來生活許多的便捷，您每天要依賴他，生活片刻離不開它，可以隨時上網查看 E-mail、可瀏覽 Facebook、可免費傳遞信息、撥打電話、看公車到站時刻、查詢資訊、訂車票、機票、拍照、錄影、傳照片、購物刷卡等等。一隻功能好的手機，等同隨身攜帶電腦，帶給生活上許多方便。有了它，信息無遠弗屆，沒有它，感到寸步難行，也許您不使用它也一樣過生活。但見生活週遭友人，仍自認不懂電腦、不使用智慧型手機，卻仍然活得很逍遙且自在的人。

凡事有利必有弊，雖然很方便，但上網傷荷包、電磁波有害、傷眼力、費時間，低頭又傷身。這些不良的後果很多人都知道，但一旦用起起來，這些考慮全拋之腦後，可見它的魅力。

2014.11.04

32　人生過渡中的喜好

事情或事物由一個階段逐漸發展而轉入另一個階段，稱為過渡。人的一生隨著人、時、地、物外在環境因素的影響，加上職場的異動，時空的轉換，年歲的增長，養成生活上一些喜好，往往是過渡的，因為年少時、中年期、老年後的思想、觀念與價值觀都會改變，加上經濟條件的因素，養成一些嗜好就有不同。

舉凡交友、閱讀、旅遊、運動等生活的喜好，或多或少的改變是很正常，尤其退休前後，生活習慣與喜好的調整，受到週遭友人的影響是很自然的。以我個人來說，五十歲以前規律的軍旅生活，很少接觸社會大環境，如交際應酬、歌廳、舞廳、酒廊、夜店，從未接觸，猶如井底之蛙。退休後有機會到這些場所，那是五十歲以後逐漸的改變。於是我開始學習跳舞，與好友到酒廊、夜總會、卡拉 ok、舞廳，總是有節制的加上有克制（經濟條件允許下），這就是喜好的改變。

年輕時未曾打牌，後來迷上麻將二十幾年，兩年前說戒就戒，退休後學會打高爾夫，一打 12 年，而終止了二十年的網球運動，兩年前球隊解散，如今已不上球場。

退休後的活動以健走、歌舞歡樂為主，生活中少不了參加社團及友人的餐敍，這些過渡中的喜好是很自然的改變。看到許多人在一生中，有許多不同的喜好，都是過渡的，有感自己亦復如是，寫出一些感想，您是否有同樣情形？

2014.11.08

33　保健雙腿

好友感覺腳底板疼痛難忍，至榮總求診，大夫告知，支撐人體體重的三個部位，其一髖關節；其二膝蓋關節；其三腳底板，而他目前後兩項都需要接受治療，否則會更加疼痛，不良於行。因膝蓋受損反射腳底疼痛，大夫建議開刀治療，才能一勞永逸。自費開刀三、四萬元，只好花錢買健康。「保養做得好，遊山玩水沒煩惱」。指雙腳能走動，可以到各地旅遊。

養生保健第一要能走，腿比喻是人的第二個心臟，能走動的人，身心才能健康。我有幾位好友，如今腿力不好，能乘電梯必不走階梯，除保護雙膝外，是要妥善保護關節，儘量不走上坡路、不爬山，以避免傷害膝蓋。他們年輕時在部隊，經常演習行軍走幾百公里路，已傷害磨損到關節。年歲漸長，才警覺人體中最大的負重關節已使用過度。如今跳舞的娛樂運動卻成為一種負擔。可見膝蓋關節保養是很重要。

我們知道雙腿正常時，才能在無疼痛狀態下，進行行走、坐下、彎曲和轉身。它的負重來自全身體重，體重越重，雙膝承載越重，為了維持髖關節順暢地移動，要保時標準體重。太重的人，腿力不好，越不走路運動，身體就越胖，此非良性循環。

俗云：「下半身決定你的健康」。看到八、九十幾歲的人，健康是來自每天健走，聽說沒事踮踮腳尖，走路更平穩，經常做下蹲、起立動作，能保持平衡，可以驗證腿力好。您不妨每天訓練，可以長保康健。

2014.11.13

34　談情緒語言

所談情緒語言是指熱戀中男女之愛，各說甜言蜜語的話如：「海枯石爛，此情不渝……」永遠相愛的誓言；或好友爭吵時，生氣所說惡毒中傷的話，統稱情緒語言。前者是熱情的話，後者是生氣的話，都經不起時空環境的改變而食言或悔恨。

激情或生氣都是情緒上的亢進，此時情感重於理智，失去理智所說的話，事後會後悔。生活中常見許多事例。二十幾年前幾位同學打牌，在牌桌上有位同學生氣對另一同學說：以後決不會跟他同桌打牌，事隔不久這位同學不幸往生，生氣的話不幸言中，我們為此扼腕。

多少男女未婚前海誓山盟，最後海不枯，留下了一堆垃圾，石不爛，卻刻了許多傷痕。分手之後彼此祝福是雙贏，分手之後惡言傷害是雙輸。古人勸人生氣時不要做任何判斷或承諾，因為情緒擾亂思绪。

生活中常見一句生氣的話，而傷害幾十年的友誼，一方的執著或一方下不了台的堅持，加上雙方一直的僵持，失去友誼。可見多少人放不下、看不開、想不透，修身、養性、律己的修為上，值得人人深思

2014.11.15 晨

35 參加合唱演出

欣逢臺大創校 86 週年校慶，教職員工文康活動推行委員會每年都會安排各分會成果展，今年 11 月 17 日晚上六點在臺大體育館文康活動中心表演。我們退休聯誼會推出合唱團，印象中我連續有四年參加此合唱團演出。

每年文康活動的成果展，等同一場精采的晚會，會中除了頒發年度績優分會獎，並由文康委員會主委江簡富教授講話，除感謝學校每年編列經費支援外，並對各分會年來努力成果表示肯定。校長楊泮池先生蒞會致詞嘉勉激勵士氣。大會準備豐盛的自助晚餐，一邊用餐節目同時進行，會中安排摸彩助興，各參與社團將平時演練成果一一展現。計有運動健身類、藝文休閒類、聯誼類，前後 20 幾個節目參與，非常熱鬧。

退休聯誼會由 18 位同仁演出合唱，分別唱了兩首曲子：「最浪漫的事」及「古月照今塵」，由邱淑美老師帶領主唱，我們平均年齡有七十歲以上，獲得不少掌聲。退休联誼會目前有 377 位會員，半數均係八十歲以上中、高齡老人，教授 65～70 歲退休，只有我們軍訓同仁五十歲左右退休，加上一些職員較年輕，顧名思義都超過六、七十歲以上是本會的特色，每月舉行一次的旅遊活動，真正是吃喝玩樂，我們都做到了樂活當下。　　　　2014.11.19

36　資訊網路～人類的新鴉片

如果你不玩手機，你就跟不上時代的潮流。真的是這樣嗎？是你 drive 手機，還是手機 control 你！這段話正說明資訊網路帶給大家的利弊得失，其實操控權在您。聽說未來眼科醫生鐵定生意興隆！可見每天看太久資訊對視力的傷害。

一百多年前中國人躺著吸食鴉片，百年後全世界將近五億人天天把玩智慧型手機。您可能沒時間做親子工作，可能沒時間孝順父母，更沒時間與親朋好友歡聚，而卻花許多時間，心甘情願當低頭族。當每天看手機成為一種習慣後，您不能須庾片刻離開它，有一天出門未帶手機，仿如與世隔絕一般的孤獨，不知所措，無所適從，您有此感覺就是已經中毒很深。

友人聚會喜見同好，輸個電話，或照個條碼即刻連線加入好友，從此天涯若比鄰，每天相互分享 Line 信息。可能很少見個面的朋友卻天天在網上見，不可思議遠在海外亦可視訊聊天，君不見 Line、Face-Book、Wechat、騰訊 QQ 及 Skye 等網路存在電腦及手機中。因此才有這句話：**世界上最遙遠的距離就是我在你身邊，而你卻在玩手機**。

今日的手機與當初的鴉片一樣，正蠶食著我們的熱情與靈魂！朋友您有嗎？我其實很羨慕至今仍未涉入資訊網路的朋友們，但也惋惜他們未能獲取生活中非常有價值的資訊，個中的利弊得失，要靠自己去選擇拿捏。

2014.11.22

37　老長官的來信

信義老弟：

當偉國老弟將你的書 ── 《健群小品》交給我的時候，著實使我驚了一下，那裡是小品，是大著啊！我正在看，首先回應 E-mail。試一下郵，通了，以後就可以你來我往。不過，只限你我之間，不涉其他網友，因為我懶！

老友萬德群（Tc）20141121

教育長好：

拜讀大作「滿足與感恩」看到許多認識的老長官，看到賢伉儷珍貴照片，倍感親切。連日來活動多遲遲回信，深感歉疚。

個人隨筆小品，不能登大雅，蒙老教育長抬愛，不敢當，收到傳來 E-mail 信件，佩服學習精神。職仍繼續為文，每週兩篇芝山雅舍，均 po 文於個人健群小品 blog 中，敬請雅賞指正。信中附 blog 可點閱之。

敬祝健康！平安！晚信義敬回 2014.11.23

38 有用決定價值

友人「七十而從心所欲，不踰矩之年」，學打高爾夫球，一打有了興趣着了迷，從此每週打一次到兩次。為了打球，十年前花了 150 萬元買了一張球證，十年後的今天市價 255 萬元，買球證是投資，就像買房子可以增值，佩服他的眼光，這可是很划算的投資報酬率。

談到打球，因球場不同花費不一樣，有些球場有球證，打一次球要好幾千元，有些球場只要一、二千元，端看球場設施與環境。台北球場在林口，臺北近郊很方便，目前由國防部與民間合股投資，國防部有條件免費發給幹部球證，但不能買賣轉借，有些人拿到球證不打球，形同廢紙。

為了管理管制，規定有球證者每年必需打四次球以上，否則取消擁有資格。為此，一些旅居國外並持有球證的退休人員，每年為了保留球證，必須搭機回國打球，這是擁有的罣礙。有球證平時與假日收費相同，打完 18 洞如想再打 18 個洞，果嶺費免付，只付桿弟費及球車費，如沒有球證，例假日要多付幾百元，團體票也要多付七、八百元。

「有用決定價值」是有感之言。二十幾年前我在母校服務，是國防部直屬單位，由體育系管道可以很方便可申請到球證，但當時我沒需要未申請。沒想到二十幾年後開始打球，只好花多一倍錢，此乃有錢難買早知道一例。幾位同學領到了球證，因不打球被取消球證資格，一再表示婉惜。我告訴他們不打球，球證形同廢紙。印證「有用才有價值」這句話。日常生活中許多事物何嘗不是。

2014.11.28

39　我所認識的方教授

參加臺大退休聯誼會轉眼 16 年，期間認識擔任第三、四屆理事長的方祖達教授。今天有幸受邀參加他九十壽宴，在臺大鹿鳴堂，席開 15 桌。除了兩桌是福建莆田鄉親，其餘都是臺大昔日老師、同事與學生，大家共襄盛會，齊唱生日快樂歌，分享五層大蛋糕，為他祝壽慶賀。

方教授為人謙虛隨和、笑口常開，好學不倦，除了每週在校園內義務傳授太極拳，還參加國畫班學習、歌曲合唱、臺大登山社等戶外活動。每逢假日夫唱婦隨的健行，很少缺席。每天必到退聯會或看書報或奕棋或練唱，他是天天運動、終身學習的力行者。

大家都知道他是臺灣第一位到日本研究酸梅酵素很有成就的學者，每年自製酸梅醬汁，天天食用，是他的養生秘方。在臺大園藝系從助教、講師、副教授、升格教授到系主任，服務超過四十年，一生是臺大人。畢生共發表學術論文 89 篇、學會論文 11 篇總計 100 篇，足見學術地位卓越有成。他樂觀幽默的人生觀，持之有恆的運動應是長壽的原因。

今天參加壽宴的教授不乏逾九十歲者，個個精神奕奕。現實社會中，人人高壽，是可喜現象，老了還健康是自己的福報，是子女的福氣。方教授都做到了。聽聞心地善良的人，可保持年輕、長壽又健康，願大家都能高壽健康又快樂。共勉之！

2014.11.30

40 難得相見的朋友

今天是臺大退休聯誼會一年一度的會員大會，退聯會辦公室的幾位同仁，辛苦忙了兩三天，完成一切籌備工作。上午八點半以後，第一會議室陸續排隊擠滿了人，等候簽名報到，會場很熱鬧。許多久違的老教授、老朋友，彼此相見甚歡。看到關小姐攙扶沙依仁教授來到會場，許多友人上前寒暄問候請安。今年已高齡 88 歲的她，年前因髖關節開刀加上輕微中風，行動不很方便，幸有麗蘇小姐熱心前往他住家來回接送。當年她是錢思亮校長的英文祕書，如今歲月不饒人，腿步退化，步履蹣跚。今天與會退休會員多達二百餘人，歷屆理事長宣家驊、方祖達、楊建澤、沙依仁、丁一倪均出席大會。

一年難得穿幾次西裝的現任陳福成理事長，喜氣洋洋在會場穿梭招呼。許多八、九十歲的教授，精神奕奕陸續來到會場。陳理事長請來校長主任祕書林達德教授致詞後，對退聯會一年來的特別活動加以說明，「千歲宴」及「臺大退休人員回娘家的擴大慶生會」辦理盛況是空前創舉，另外今年出刊臺灣大學退休人員聯誼會會務通訊合集，厚達八百餘頁，留下十幾年會訊的資料，誠為可貴，大會贈送與會人手一冊，人人收藏，彌足珍貴。

會中請來陳慶餘名譽教授專題講座：「老化模式與衰弱歷程」，這是退休人最關切的問題，談到樂活（LOHAS）是一種生活態度的提倡，所代表的是「健康（身）、「永續（環境）」、「快樂（心）」和「生活（社會）」等四種意涵。達成老年身、心、社會和人生意義的生活目標。

此場演講對大家來說受益良多。值得一提的是會中一位資深教官是政戰一期的大學長鄭義峰今年 88 歲，八期的兩位學長許銘成及如道泰，都年近 80 歲，二十幾年前他們都在臺大服務退休，每年年會才有機會碰面，我形容是一年難得見面的老朋友。大家都退休了，藉著一年一次的會員大會，彼此可以多見見面，真是美事一樁。

2014.12.03

41　老來學唱歌

臺大退聯會每月第一、三週的星期四 10：00～12：00 是歌曲教唱時間，由剛退休不久的邱淑美老師義務教學，每月教唱兩首曲子，截至本週已教過 14 首。這是陳福成理事長的創新之舉。今年我們退聯會成果展現合唱，就獻唱「煙花三月」及「最浪漫的事」兩首曲子。演出前只練兩三次就上臺，因為有平時每月練唱的基礎。

談到唱歌，印象中只有讀國小、初中時才有音樂課，那是五、六十年前的往事，讀政工幹校時有音樂教學，音樂系老師教我們如何看五線譜、簡譜、節拍、高低音等基本常識，為的是我們將來政訓文康工作能教能唱的「軍歌教學」。一路走來猶記得在部隊基層教過連隊軍歌，雖濫竽充數，亦能勝任愉快。後來回到母校，學生人才多，通常邀請音樂系學生擔任教唱，每年軍歌比賽，各單位競爭激烈，我們只有臺上、臺下欣賞的份。

退休後常與友人前往卡拉 ok 歡唱，開始練習適合自己喜歡的曲子，人人歡唱就知好壞，其實各有特色。發現藝術是要有天分，有人一學就會，有人五音不全，學來辛苦。我屬中、下等資質，喜歡唱些有感情的歌，幾十年下來，略有進步。本人唱不好臺語歌，我倒是學會幾十首，進步很慢，但尚努力學習中。很慶幸有機會，老來學唱歌，每月練唱，有邱老師的指導。

人非天生什麼都會，藝術要靠天分，後天的學習，勤能補拙，別人唱五遍就會，我們多聽，加倍唱十遍、二十遍也可以學會。每人的音色、音質、音感、音量雖不同，都可以練習、可以進步。學唱歌也是終身學習課程之一，有興趣加上肯學習，進步是可預期，除非您從不練習。

2014.12.07

42 臺大因緣會的一些感想

最後的職場是在臺灣大學退休，與臺大的因緣會緣起於：參加「臺大退休聯誼會」，陸續參加「臺大教職員登山會」、臺大聯合服務中心志工、臺大退聯會合唱團以及當年軍訓室同仁經常的聚會。近二十年來，參加臺大的許多活動，增添了多采的退休生活。

退休後能參加一些社團活動，除了可以拓展人際關係，亦可豐富且美化多采的生活。許多人感覺到退休後更加忙碌，有些人退休後卻天天在家當宅男、宅女，前者生命力必強於後者。我見證許多高齡老人，活得很健康很陽光很有活力，每天都有樂忙的活動，如老友會、同鄉會、同學會、歌友會、登山會、打球會、麻將會等等。

退休後能走出來，心情好，身心就更健康，夫妻要相互鼓勵對方走出去，而不是約束彼此在家才安心，要給另一半的社交活動空間，而不是夫唱婦隨形影不離的生活。生活一輩子，老伴非天天要在一起。

參加社大的一些學習課程，可以彌補過去未能學習的遺憾，沒有年齡限制的好處是可以認識年輕人，比我小一、二十歲的必然是社區大學一起學習的同學，請您不必見怪，如果您未參與終身學習，您怎會有機會呢？ 2014.12.10

43　老健的重要

俗語說：「七十歲一年一年過，八十歲一個月一個月過，九十歲半天半天過。」這是人生必然老化的宿命。如今拜科技醫療進步，老年人的保健養生，已大大減緩並突破老化的速度。如裝戴助聽器助聽，眼睛雷射手術改善視力，植牙、人工關節、心臟裝支架等等，只要花錢都可以改善，這是現代人享有的福報。許多人老了，花錢買健康。

看到認識的一些朋友，上了年紀後耳不聽、目不明、牙動搖、腿不良於行，這四樣器官的退化帶來生活諸多的不便：老眼昏花，Line 手機、電腦、FB 等不能立即點閱。牙不好，無法享美食。腿力不行，旅遊爬山無法參加。耳不聽，友人交談甚感不便。以上是所見，年老退化是正常，如何做好保健？除了基因遺傳，後天的保健養生也非常重要。

最近友人傳來：最新聯合國世界衛生組織，經過對全球人類素質和平均壽命進行測定，對年齡劃分標準做出新的規定，該規定將人的一生分五個年齡段即：

0 歲～17 歲為未成年人

18 歲～65 歲為青年人

66 歲～79 歲為中年人

80 歲～99 歲為老年人

100 歲以上為長壽老人

看完以上資料，我們從過去年青老人，升格為中年人，是否慶幸生長在這個年代？

2014.12.12

44 較不健康的行業

二十世紀末，「時間革命」帶來各行各業的蓬勃發展，因應而生日夜生活顛倒的服務行業，打亂過去農業時代日出而作，日落而息的生活習慣。新興行業中，許多是 24 小時都有人在上班工作。

行行出狀元，各行各業都有其存在的功能。如今您 24 小時隨時可以享受吃喝玩樂，午夜凌晨還有宵夜可食，在臺北許多夜生活的人是大清早才下班，最方便的是計程車，隨叫隨到，應該是全世界僅有。人在福中不知福，有人卻天天牢騷滿腹，怨天尤人，心中永存不滿。

此文不例舉哪些行業對健康不好，以免落入主觀認知的偏見。舉凡影響生活作息、工作壓力太大、沒有休閒時間（久視、久站、久坐）、日以繼夜趕工、經常處在污染環境中、具有高風險職業、必須殺生造業的行業、違背良心的事業、讓身心受到傷害的工作等等。儘管如此，為何社會上有這麼多人會從事這些工作？無他，興趣加上賺錢誘因吧！有些是環境使然，迫於無奈，這些工作總得有人做。你的工作如果非以上所述，恭禧您有健康的基礎，但也要遠離不良的生活習慣。

2014.12.14

45 失而復得

昨晚剛新換一台電腦，即刻與 Line 連上線，今晨打開 Line 出現一組密碼，要求必須在手機確認，忙中出了差錯，竟然將手機上的 Line 刪除。經求助兒子，無法重回原先使用之 Line（忘了當初設立密碼），只好新成立一組 Line，這下子全部失去友人連結，重新邀請線上友人加入，帶來許多困擾。忙了好幾小時，感到不知如何是好，重新設立 ID 號碼，再通知好友加入，一些友人並不會使用，如此讓我體會手足無措之窘境。用慣 Line 傳達信息的人，不能一時無它，形容網際網路是現代人類的鴉片煙，實不為過。

失去許多好友的連線，也失去群族的連結，動態消息亦離了線，可是意外增加失聯的老友，一位四十二年前的預官回傳，吳輔導長您好！我是紀仲弘向您問好，幾年不見一切安好，謝謝！民國 60 年在金門當連輔導長往事浮上心頭，另有好多同學、老友都意外出現在新設立的 Line 上，失去原先老友，又能拾回失聯多年的友人，我形容失而復得，心中充滿喜悅。

成住壞空是萬物的本質，更換電腦，汰換手機都可以預先轉存資料。最無奈是遺失手機，所有友人手機號碼必須重建。是否要未雨綢繆，將所有資料事先存檔，我想這是有必要的準備工作，失而復得的感覺值得分享。 2014.12.19

46 喜宴有感

在台北經常參加喜宴，前後要花上三、四小時以上（含來回搭車），老長官、老同學、老朋友相見歡，總有談不盡的往事。婚禮進行中，冗長的講話有多少人能靜下心來聆聽？說實在話，變成形式的禮俗。有些婚宴是儀式與用餐同時進行，符合人性，兩全其美，皆大歡喜。也曾參加過主婚人簡短感謝的話就開席。一般通常比預定開席時間延後一小時以上，在婚宴上大家也見怪不怪，習以為常。

今天偕同姐夫、姐姐、大弟四人一起南下吃喜酒，是三舅唯一女兒淑惠娶媳，她比我小 15 歲，即將升格為婆婆。我告訴眾多表弟妹，要寫一篇文章，告訴大家我落後 15 年，因為至今尚未當主婚人，兒女都未婚。喜宴結束，大夥合照時，顺便送大家書，簽名合照仿如新書發表會。

母親是外祖父最大女兒，當年接連生下兩個女兒母親及二姨媽，就急著領養了大舅，之後連續生了二舅、三姨媽、三舅、四舅、五舅、四姨、六舅及小阿姨，計十位兒女，二、三十年代幾乎每家都要生下七、八個子女。從小到大，我每次回外祖父母家，眾多舅舅、舅媽、姨媽對我們疼愛有加，至今都可以喊出小時候的乳名。如今姊姊及我是眾多表弟妹們最年長的表姊、表哥，比我們晚出生的六舅、小阿姨，他的子女都比我小四十歲以上。印象中每位舅舅及姨媽平均每戶四位子女，目前表弟妹最少四十幾位，平時南北各一，不易熟識，最近一年成立群族，大家有機會相互傳送 Line 信息，彼此才稍認識。大弟特別在 Line 上核對相片與本人，我也認不得一半。

說來不信，三、四十年代出生的眾多兄弟姊妹，認不清的伯伯、叔叔、姑姑、阿姨、舅舅、舅媽、堂兄、弟妹、表兄、弟妹。五、六十年代的人只生一兩個小孩，他們就沒有複雜的長晚輩倫理關係。大陸一胎化政策下，是福是禍，很難認定。有感我外祖父母是大家族，我有幸融入其中，特寫此文，讓眾多表弟妹分享！

2014.12.21

47　國際化士林捷運站

友人外甥女是留英博士，在印度某大學教授中文，最近返台度假，特別來到士林捷運站逛士林有名夜市。走出士林捷運站，聽到許多外來語言，仔細聽來，有英語、馬來西亞語、泰語、越南語、緬甸語，加上帶有各種口音的大陸語，廣東話、上海話、捲舌的北京話，一時弄糊塗，到底身在何地？原來外來遊客亦慕名雙溪故宮博物院、士林夜市、士林官邸及士林一年一度的菊花展。士林捷運站，成為這台北有名景點必經之路，每年吸引成千上萬的觀光客，成為另類的國際化捷運站。

台灣近幾十年來引進數十萬的外勞，加上外籍新娘、大陸妹，全省各地遍及外勞人口。這俗稱新住民的外來客，成為社會上不可忽視的新住民文化族群。這股趨勢，日積月累，將融入社會新文化力量，政府當局應重視這股無形新文化的力量。有朝一日，外來文化勢必會侵略並影響本土文化。

聽說各縣市已重視外來族群媽媽的中文教育，不樂見外籍新娘以母系語言教育下一代。當有一天社會上出現多國外來語時，中華文化及本土文化已受到嚴重的混淆。這就是外來文化入侵值得要省思的重要課題，您說是嗎？

2014.12.23

48 終身爲師～資訊網路

晨起打開資訊網路，友人傳來 E-mail、臉書、Line 三則。從電腦連線點閱，是最新知識的學習，每天有受益的喜悅。如果沒有網際網路，許多好資訊、知識、常識，比較不易獲取。六年來接觸電腦，才警覺一天無電腦，如井底蛙，知識落後，孤陋寡聞。

因為擔任兩年同學 blog 的服務工作，接觸較多的資訊，許多天文地理、旅遊名勝、人文常識、保健養生，智慧集錦、勵志小語、幽默小品，讓人讀來，心曠神怡，身心靈提昇於無形，潛移默化，裨益良多。回頭想來，這就是最好的終身學習。今友人傳來：「這就是我想要的生活！」從中摘錄幾則分享：

一個真正有學問的人，往往謙遜，不會逢人就教；一個真正有德行的人，往往慧心，不會逢人就表；一個真正有智慧的人，往往圓融，不會顯山露水；一個真正有品味的人，往往自然，不會矯揉造作；一個真正有修為的人，往往安靜，不會爭先恐後。

人這一輩子，我只能說，有些事是出乎意料的，有些事是情理之中的，有些事是難以控制的，有些事是不盡人意的，有些事是不合邏輯的，有些事是恍然大悟的。但無論發生什麼事，都別忘了自己的本心，自己的良心，自己的性格，還有自己的原則。

人生不過是一場旅行，你路過我，我路過你，然後各自向前，各自修行。智慧由聽而得，悔恨由說而生；沒有口才又不守沉默的人，會有大不幸。君子話簡而實，小人話雜而虛。不必說而說，這是多說，多說要招怨；不當說而說，這是瞎說，瞎說要惹禍。多思考，少發言。勿過於依賴語言的功能，卻忘了沉默的力量。說話出自天性，沉默出自智慧。

佛曰：命由己造，相由心生，世間萬物皆是化相，心不動，萬物皆不動，心不變，萬物皆不變。

2014.12.26

49 給 Line 友人的信

使用智慧型手機有兩年多，更換新機只要抽取磁卡繼續使用很方便，原存手機資訊要重新輸入新機，這個簡單動作請專業人員代勞，幾分鐘即可順利完成轉換。有次掉了手機，要重新輸入友人資料就很耗時費神。因此奉勸好友要未雨綢繆，平時將磁卡資料備存，以防萬一。

平時經常相互分享 Line 的友人，若三、五天未收到信息，就聯想到是否出國遠遊？或身心違和生病等。十天前更換電腦，與 Line 連線時操作不當，只好更換新的 ID 號碼 wush120835，致使原先 Line 線上友人消失數十人。有電話及 E-mail 留存資料友人很快連線，連日來也接到不少友人來電，關心為何未收到 Line 信息，到底出了啥事？目前尚有許多友人未能連結，讓我驚喜的是一些從未連絡的老朋友卻出現。曾寫了一篇失而復得的感想，也等於向友人做了說明。

科技帶來文明進步最明顯的是電子產業，每年有新研發產品，汰舊率很高，新品很貴，一年後產品就折價許多，尤其是手機、照相機等，這是日常生活所見，未見到的電子業更不勝枚舉。

2014.12.28

50　對佛教八識的認識

一般人對佛教八識的認知只停留在前六識，對第七識的末那識及第八識的阿賴耶識都很陌生。個人參加多次佛學講座筆記中，對八識的了解做些概述，除了溫故知新，亦可提供參考。

般若波羅蜜多心經中第三句：「照見五蘊皆空」這五蘊中的色是屬於物質部分，受、想、行、識屬於精神層次。心經是綜合解釋身心，稱為「五蘊」，再把五蘊分開解釋，內部叫六根、外部叫六塵；加上心及精神活動的六識，共是十八界。六識中的前五項，眼、耳、鼻、舌、身是屬於五蘊中受的部分，而五蘊中的想、行、識是屬於第六意識分別及執著的部分。以上說明人的第六意識就容易了解。簡言之，第六識只有認識作用及造業受報作用。

人的一生中，第六識是心理活動中心，對世界上種種事物的分別、思考、記憶、判斷與決定，以及喜怒哀樂等情緒、情感的作用，乃至耳所聽，將文字、語言轉換為概念，或將概念轉換為文字、語言，都是第六意識的作用。

第七識稱為「末那識」又稱為「染污識」，因為它生來就俱有四種根本煩惱：我癡、我見、我愛、我慢；第七識沒有瞋、疑、邊見、邪見、見取見與戒禁見六種根本煩惱，因為第七識不斷的緣取第八識見分為境，從不認為它是逆心的，故無瞋的生起，而且第七識以境為自我，當然不會瞋恨自我；第七識緣取於同一境界，從未猶疑不決，因此疑不會生起，我見是眾生本來就有的，其他四種惡見需經由後天的學習才有，但第七識不緣取外境，故無此四種惡見。一般人不會察覺第七識的存在，但它讓眾生無論在清醒、睡覺或昏迷時，隨時隨地都有一個我的存在，前六識起的任何心念，都是以我為中心，處在有一個我能造作的心態之下，所以第七識雖然自己不在物質世界造作善、惡業，不屬於善、惡性，但它執著有一個自我，覆蔽、染污了前六識，使前六識不清淨，因此屬於有覆無記性。

第八識從無始以來就存在著，即使是身體死亡，它的功能也不會停止，它含藏著宇宙萬有的種子，也稱為「阿賴耶識」，譯為「含藏識」。當因緣俱足時，第八識就使種子產生色法與心法，它的境、根與認知說明如下：

一、境：第八識緣取三種實有的境：1、種子；2、根身～五根與其他所在的身體；3、物質世界。所生的相分都是性境。

二、根：第八識與第七識為俱有依，兩個識互以對話為根。

第八識不停的作用，卻不會審查思量，與第六識一樣依第七識為根，但是第八識緣起世界、身體與五根為境的深廣，卻遠遠的超過前六識也能緣取世界、身體與五官為境。所以，人類無法測知第八識的心理活動。目前人類以科學方法得到的知識，只是前六識的分別與認知，是從經驗推測的宇宙萬有實體。這個實體只能算是第六識所緣取、想像的帶質境，與比量計度的獨影境而已。

第八識的功能最簡單，只有五遍行心所，但是它的心理活動非常微細、難以形容，只知道它的作用是前後一致，且永不中斷，所以受心所只能與受相應。又第八識執持萬法的種子，而種子有善、惡與無記性三種，第八識如果性善就不能容納惡種子，反之亦然，故第八識本身必須是無覆無記性，才能執持各種種子。第八識的種子產生八種識與色法，而身、口與前七識在世界上造作的善、惡與無記業，又合薰習第八識產生的種子，再儲存在第八識中，如此輾轉相生，就造成生死輪迴。世界上有眾多的哲學家與宗教家，只有佛教教導我們：「**放下我執，才能解脫一切痛苦，得到永遠的快樂。**」

以上將佛學講座一些筆記整理後，提出八識的認識，希望啓發大家思考方向，並就教先進！

2015.01.02 晨

51 活動美化生活

明知生活簡單是幸福，卻選擇樂忙生活找到快樂；明知生活單純無煩惱，卻從多元活動中美化生活。這是我退休後體會到的樂忙。因為每人的生活習性，好惡有別，價值觀認知需求不同，精神生活與物質生活的選擇孰重？我個人選擇較偏重參加眾樂樂的團體活動。

目前從每日固定的活動到每週，從每週到每月，從每月到每季，從半年到一、兩年不等的活動行程，在行事曆上隨時記錄，就怕遺忘，今列舉如下：

1、每日晨起、傍晚健走平均有二～三小時。

2、每週一、二、三有三小時的舞蹈運動學習。

3、每週三小時與好友齊聚歌舞歡樂。

4、每月一、三週，週四兩小時的音樂學習。

5、每月兩次兩至三小時的志工服務、卡拉 ok 歡唱。

6、每月一次參加中華健康長壽早餐會、社大同學聚餐。

7、每三個月的聚餐。有網球老友、台大軍訓退休同仁、台大、佛、文藝因緣聚。

8、每年參加年會：中國全民民主統一會、台北佛光山教師分會、台大退休人員聯誼會、台大登山會年會、佛光山全國教師暑期佛學夏令營及台大志工研習。

9、兄弟姊妹不定期聚會、週六、日不定期的喜宴、週日選擇性的參加台大登山健行，每年要有八次。

10、兩年一次的復興崗 14 期同學會、不定期的北部高中同學會。每年國內外旅遊，台大退休人員每月一次旅遊等。

看到以上不定期的活動，樂忙的生活，大多是因緣於喜愛，身心自然愉悅，心情好是健康養生首要，僅提供參考。

2015.01.05

52　大師的遠見

日前收到南投 Jin 師兄林老師寄來星雲大師所著《獻給旅行者 365 日》一書。即電話致謝。她告訴我這本書是非賣品，是結緣品，她贊助印十冊，獲贈書一冊，特將此書郵寄送給我，讓我很感動。

《獻給旅行者 365 日》是星雲大師 2014.11.01 總監修、蔡孟樺主編出版的新書。他有感於每到過世界各地參訪，住在飯店時，發現每個房間都放了一本聖經，觸動他編寫一本適合大家對身心靈有益的書。他希望這本以中華文化為主的佛教聖典，縱橫千年以上的中華文化精粹，在世界各大飯店的每個房間裡，都能有一本，提供給來自世界各國與中華文化和佛教有緣的人。也希望它能像暗室中的明燈，照亮每個人的心靈，作為人生的導航。

這本書中，大約有近四百位作者、八百則作品，舉凡詩詞、歌曲、家訓、座右銘、勸世文，乃至經論等，定能為你帶來一些鼓勵。願鬥志疲倦的人，看了會振奮精神；有委屈不平的人，看了會內心釋懷。

本書預計推廣至華人世界各大飯店各房間都有一冊，或社會有心人士都能人手一本。最初估計，需要六百萬冊，若有發心者，可以成立弘法協會，共同參與此書推廣行列，以增加社會和諧與光明。

文圖並茂的短文，我很喜歡，藉此除了感謝好友 Jin 師兄的厚愛，亦宣揚此佛教寶典，人人有機會閱讀。

2015.01.07

53　依賴的煩惱

每人從小依賴父母食衣住行，求學順從老師教誨，到社會工作服從長官、聽命老闆，在家中依賴先生或太太，年華老去依賴子女孝順、照顧，生病依賴醫療、看護，生活中好像處處要依賴，這種服從或順從都是無奈，如果有一天，自己無力照顧自己。

生活中依賴越多，煩惱就越多，舉例來說不會採買做飯菜，三餐要外食或依賴家人；不會開車、騎機車、自行車，帶來行的不便；沒有房子住帶來租住的負擔；不會電腦半個文盲的感覺；不使用智慧型手機，資訊趕不上時代。這些日常所見，都是依賴下的痛苦，想到現代科技進步下，人類不能片刻離開電力，沒有電可用，生活幾乎停擺，可見依賴電器化的無助。

有一次到銀行辦存款，突然電腦當機，一切作業停擺，待恢復供電，大家足足等了一個多小時。昔日人力可以操作存款、取款的動作，也派不上用場，人人依賴電腦的便捷，反而使人陷入笨拙。只要停電一天，家庭主婦家事就無所適從，洗衣、煮飯、電冰箱哪一項不靠電力？未雨綢繆，學會做家事，有一天必會派上用場，求人不如求己。當您感到智慧型手機不能離手時，就是煩惱的開始，因為您生活中已離不開它，而依賴了它。　2015.01.10

54　半世紀～高中情誼

旅居南非的高中同學麗珠日前返台，我邀集住在台北的同學歡聚，從 11 年前高中畢業四十年的通訊錄連絡到月香同學，她的出席竟然是大家畢業 51 年後第一次見面。她說結婚後就很少往外走動，他今天走出來女兒還很高興。

今天相約在芝山捷運旁天母 SoGo 鼎泰豐，女同學四位，男同學八位，志成兄從左營趕來赴會，鋒川兄從楊梅前來，同學情誼可貴。老同學一起拍照，羨慕許多人。我們有感地說這是長達 50 年的同學會。秀菊同學送給每位一本他先生近著「人間逆旅～吳豐山回憶錄」，我補送四本健群小品給上次聚會未到同學，大家要求簽名、留影留念。

去年高中畢業滿五十週年，我煩請南部同學能在母校曾文中學（現麻豆國中）辨同學會，我答應台北可以到十幾位。無奈缺乏熱心同學出面邀集，有感任何活動要有少數熱心人士服務才能如願。

金詳同學退休這幾年，常到國內外旅遊，他說見一次少一次的話，我說能多見一次是多一次，這是年紀越大的感慨吧！今天大家決議不定期聚會，南非賴同學回來當不例外。

2015.01.13

55 分享是喜悅

嘉義好友趙教授傳來:「和優秀的人在一起真的很重要。」讀後即 po 在健群行腳 blog 分享，不到兩天，點閱人數多達 1200 人次，才發現好文可以吸睛的道理。

好的文圖透過 e-mail、Line、Face-book 三個資訊管道傳達，又快又便捷，這兩年來 Line 幾乎取代電腦，有了它，隨時可以看 e-mail 信件、可以點閱 FB 更可以立即傳送信息照片，這種無遠弗屆的網際網路已吸引全球三億人口使用。根據新聞「LINE 年度發表會，宣布年底全球註冊人數破 3 億」（YAHOO 新聞，2013）的報導顯示，LINE 儼然已成為全球目前最多人使用的即時通訊軟體，每個人生活的必需品，這種速度成長，相信將來勢必衝擊並取代電信業。

許多朋友仍然以視力不好而拒絕使用智慧型手機，這股流行的風潮，勢必抵擋不住。當所有通信手機提供免費誘因下，或舊型手機不再生產和維修時，必然屈服現實環境。內人最近兩個月來使用 Line，又會免費下載貼圖，整天看訊息，入迷群組的互動。有誰能抗拒流行，除非您過隱居生活。結論是從中的學習新知、分享文圖是種精神的快樂，您說呢？

2015.01.17

56　放慢衰老的腳步

生老病死是生物的宿命，人亦不例外。如何老得慢，是大家夢寐以求的，除了先天有好的長壽基因，重要的是後天良好的生活習性。包括有恆的運動、規律的生活、均衡的營養、正常的代謝、良好的心情，做到身與心的調適，才是身心的健康。說來簡單，但知易行難。

您發現以往人生七十古來稀，而今七十不稀奇。因為外在客觀環境改變了。如生活條件設備、科技醫療進步、休閒娛樂多元、重視保健養生、身心靈禪修等，現在的人從外表的容貌、活力及體力看來，要比實際年齡年輕 10～15 歲，就是老得慢。如你被人看出實際年齡就是老得快的過去人，我經常參加活動，許多人比實際年齡要年輕十幾歲到處可見。

看起來年輕的人，就是老得慢，從服裝穿著，從儀容外貌都要隨時注意。頭髮白顯得老，染黑了就年輕，身體發胖動作緩慢就顯老態。生不能選擇，老、病都可以操之在己，從運動營造健康，從飲食中控制體重，持之以恆，疾病就遠離您！

有人說：想活到百歲，就要少吃多運動，是否告訴我們一生的福報不要太早享盡？

2015.01.21

57　志同道合的朋友

我們是一群志同道合的朋友，因為擔任臺灣大學的志工服務而有緣認識。來自聯合服務中心及訪客中心的志工，因服務性質不同而鮮少見面，十幾年來新進培訓志工陸續加入，在年度志工研習中，大家有緣見面，將近四十位志工要認識熟識也很難。有鑒於此，志工隊隊長俊歌，請了退聯會理事長福成兄召集下，去年底在臺大鹿鳴樓舉辦志工餐會。這次歡聚很熱絡，於是大家提議每半年聚會乙次。

有緣認識卻不一定熟識，透過年度研習、參訪課程及校外活動很容易打成一片，聯誼是最好方式。今天志工研習主秘林達德教授與會嘉許打氣，非常感謝。研習課程之一，請本校國際中心的外籍教授以流利的國語講授國際禮儀。午餐之後並安排參觀本校社會科學院，這棟新建教學大樓於 2014 年 9 月開學正式啓用。大樓由日本知名建築家伊東豐雄（ToyoIto）建築師設計，大樓內有辜振甫先生紀念圖書館，配合竹集成材做為書架及閱覽家俱，打造一座宛如森林的閱覽空間。另有皮革椅凳、燈具都以白色為主色彩，素雅簡潔，讓我們大開眼界。大半天的研習參訪，彼此有機會交談認識是最大的收穫。

聯合服務中心以校區諮詢為主，訪客中心以導覽校園介紹為主，一為靜態，一為動態。藉著年度講習可以相互交流，餐會聯誼相互認識，有聯誼有活動才能相識，這是大家的共識。

2015.01.24

58 退而不休

約十年前，我們常相聚的好友，一起歡送兩位退休的同學夫人，如今她倆都退而不休，一位拜師學畫有成，先後舉辦多次畫展，現在忙於開班教畫，成為書畫家；另位大嫂延續幼教教學工作，移居東部，夫婦倆每天與天真幼童為伍，享受寓教於樂，快樂的退休生活。

同學交情深厚者，夫妻往往也熟識，經常有互動，或旅遊同行、爬山健行、共同學習，情感交流自然熱絡。就如士林公民會館每週兩天習舞上課，大家很容易打成一片。同學打牌更有機會認識大嫂們，有緣才能相聚；有份才能相知；有命才能相守，友情、親情、愛情都應珍愛惜緣。同學其正大嫂本月榮退，我們幾位常相聚同學為他設宴，找個理由吃飯，眾樂一起，老同學高興之餘，竟喝完兩瓶威士忌酒。住附近的瑞華還跑回家送來好酒分享。

為了聚會，更改三次時間，足見大家應酬交際之忙。今天感謝兩位女同學的參與，增添熱鬧開心。大夥照相留念，歲月不饒人，找出十年前照片比較，明顯可察！所幸人生七十才開始，身心健康才樂活。 2015.01.27

59　手工～談附加價值

住家忠誠路一段，新開兩家商店，標示手工製，分別是男士西服與象皮皮鞋，是很夯的字眼「純手工」，可見機器的產品，仍然不如手工的慢工細活。尤其一切資訊化的世代，任何行業少不了設計軟體，卻抵不過以手工製造的特殊行業。如市面上的手工製品：水餃、饅頭、燒餅、油條、糕點、麵條、麵線等食材，加上手工衣服，如男士西裝、皮鞋，女士旗袍、皮包等衣飾。只要以手工標榜，就有附加價值。我見過純手工打造的自行車夯到量產，價值翻倍，足證手工行業不會被時代潮流淘汰。

說到手工，各行各業都有其存在的價值。烹調業有名廚師奇貨可居，各大飯店爭相聘請；音樂器材如小提琴、大小擊鼓、板胡二胡、古箏許多樂器以手工打造，價格不菲；生活用品如手飾、金飾、手錶，服務業的人工洗車打臘都比機械收費多出數倍，可見許多手工業是機器無法取代的。將所見手工製品略述如上，尚有許多行業是手工的專利，不能一一列舉。

自有人類以來，生活文明進步最多的是近二十年，因為 e 化、資訊化，多少行業的人力被取代。唯以手工製的獨特性尚能被肯定，世面上以手工製的產品永遠不會被淘汰，這就肯定了存在的附加價值。

2015.01.30

60 囚犯哲學

今天參加健康長壽早餐會，有幸聆聽施明德先生一場精彩演講，個人佩服他一生中生命力的强韌，幾次大難不死，三次肝癌化險為夷，如今 74 歲身心仍然硬朗。在場人士無不敬佩這位自由鬥士。當年執政黨沒有讓他成為烈士，確實是明智之舉。今天他感性的道來，坐牢 25 年來的心路歷程，略述整理分享。

「大海嘯來了，你再會游泳也會遭到滅頂。」這是去年底前雲林縣長張榮味的一席話，意味潮流是抵擋不住的。施明德當年以政治犯被判無期徒刑，最終囚禁 25 年半後走出監獄，這是他始料不及。想不到走進了監獄，沒有平躺著出來，如今他很不願意倒帶回憶囚禁的歲月，今天卻樂意分享他的「囚犯哲學」（苦難哲學）：

一、悟人生的相對論：

被判無期徒刑才體會到自由人的可貴，囚犯擁有的是時間，卻失去了自由人擁有的空間，一些政治犯想當外役勞動者，只是奢求到室外可以晒晒太陽走動活動，而他整整 13 年一人獨囚，寂寞難熬下，漸漸體會到雖然失去自由，卻擁有更多時間來讀書，這是一失一得相對的收穫。

二、做環境的適應者：

坐牢的人是最底層競爭的失敗者，在弱勢時不要求環境適應您，而是您要去適應環境，他舉蟑螂為例，牠是地球上最能適應惡劣環境而生存下來的生物，逆境才是鍛練您堅強意志的動力。

三、最危險的是絕望：

人是為希望、有目標而活，受刑人沒有希望，沒有明天，就是絕望而死。我在牢房裡，每天能讀書寫文章就是活的動力與希望。他說當領袖人物要具備幾個特質：

1、大方向指引要靠智慧。

2、大原則的氣節要表態。

3、用人哲學：荀子說「用師者王、用友者霸、用徒者亡。」兩任總統啟用年輕人是誤國。

4、要鼓舞士氣，讓百姓存活有明天、有希望。

5、學會欣賞包容的美感，民主政治大家可以表達。

6、要學會寬恕的愉悅，報復是有後遺症，鮮紅的血跡有一天變了色與大地與生命都不搭調。

總結施明德先生的演講：他一生為了爭人權、為了社會公益而觸法，他了然於心。如今他懂得什麼叫做寬恕，他強調：愛比恨更有力量，恨是兩面刃，傷了別人也傷了自己。他是基督徒但從不要求上帝站在他身邊，而是要求自己站到上帝那一邊，學會人生哲學是「承受苦難易」（活下去）「抗拒誘惑難」（要不要）。一切的貪、怨、恨都會寫在臉上，所謂「相由心生」表現在容貌上，心善心惡都會讓人從臉上看出來。真是肺腑之言。　　　　2015.02.01 天成飯店

61　健康的定律

聽了陶士君先生一席養生講座，敢問多大歲數，他已 96 歲高齡，河南鄉音很重，不易聽懂。所幸他印發講義陶氏宗親健康長壽、健康的定律，值得分享。

長壽的人現身說法，談養生保健最有公信力，高齡 106 歲的崔介忱老先生，經常在我們早餐會示範床上保健功夫，如今出門獨來獨往，不需人陪，這是他四、五十年來勤以運動的成效，可見健康是要靠自己經營。陶老的健康定律略述如下：（內容本人稍有修改）

1、**陽光**：每天要享受戶外陽光日晒，以利鈣質吸收，讓陽光注入你生命。

2、**飲食**：只吃喝足夠個人營養需要的食物。要樂意地研究和觀察，才可以使飲食成為一份禮物。

3、**節制**：在生活、運動、飲食，都要有節，運動不要過度，飲食要選擇適合自己體質的食物，莫貪食喜歡的食物，偶而要吃些你不喜歡的食物。

4、**休息**：是暫時停止體力活動，讓思想和精神都能沉寂。古人勸我們在七日中要休息一日，讓身心靈可以寧靜。

5、**空氣**：在我們的肺裏，血液的雜質與廢物和氧氣交換時，需要大量新鮮空氣，早晚要多作戶外活動，在家要打開窗戶，讓室內空氣流通。

6、**信任**：是相信純潔、誠實、慈悲、溫柔、善良和不自私的愛，充滿生命中一切事物。這種信任在變幻無常的世界中，給予人安全和方向，對身、心、靈三者都有很好修為。

7、**運動**：每日在空氣清新的環境下，作體力勞動的工作，如園藝、健走運動。

8、**水份**：若適當地外用（冷或熱敷）和大量內用，可防止疾病和保持身體有充沛活力。多喝水有新陳代謝作用，流汗是最好的排毒。

人的養生保健、基因遺傳不同，但如能遵守良好的作息習慣、持恆適度的運動、攝取均衡的營養、正常的新陳代謝、保持好心情，則動靜皆自得，就能樂活當下。

2015.02.04

62　憶鋼筆的滄桑

用歷盡滄桑來形容鋼筆的興衰，由來有自。記得四、五十年代讀初、高中時，人人用鋼筆，印象中當年學科績優縣市長獎是派克鋼筆。六、七十年代原子筆發明後，很快取代了鋼筆。如今鮮少人使用它，除非公司大董事長簽約或政務首長批閱公文，講究的名牌鋼筆一組幾十萬，那是代表身份、地位與氣派。

對鋼筆獨有所愛，緣於寫日記。就讀復興崗時，學校規定學生要寫日記，每學期發給日記本，每週訓導員收回評閱。當時許多人擁有兩本日記，一為上級檢查，一為私人日記，我是其中之一。寫日記成為我們晚自習的功課，如晚上有其他活動，翌日補寫，四年中養成寫日記好習慣。往後使用年鑑日記三十幾年，一律以鋼筆墨水書寫，如今都未褪色，反觀二、三十年前以原子筆書寫筆記大半已模糊，才發現好的鋼筆墨水是不會褪色。

七、八年前小弟信忠送一組名貴鋼筆給我，為了買派克墨水，尋覓多家書店終於在天母一家文具店購得。一瓶 135 元雖不便宜，但想到不褪色就值得。如今重要筆記仍以鋼筆書寫。

日前友人知道我有使用習慣，送我鋼筆附有筆心（使用畢更換），勾起回憶，道出我獨鍾鋼筆的一段往事。相信如今的青少年可能未見鋼筆為何物？時代的潮流、科技的進步可以改變許多的事物！數位相機、智慧型手機的研發，不就是顛覆傳統的相機，改變大家的思維？過些年傳統手機必然被淘汰，由不得您不趕上時代。

2015.02.07

63　信箱聯絡人

智慧型手機的便捷已取代電腦上大部分的功能，如E-mail的傳達信息、郵件、臉書、照像、影片欣賞或打免費電話等。隨身攜帶隨時連絡，確實方便，使用習慣後不能片刻沒有它，這就是它存在價值的魅力。據稱台灣已有近三分之一人口使用它。

我電腦信箱聯絡人已遽增數百人，有些友人雖鮮少連絡互動，甚或有些人已往生，但捨不得刪除，當轉文分享時，通信錄上聯絡人逐一過目，只因見其名思其人，這曾經緣起的情，不輕易割捨，這應是我重情的個性吧！如今在Line常往來的朋友，逐漸取代電腦上的網友，顧此失彼是很平常的事，就如有些友人天天上臉書卻不看e-mail及Line的道理一樣。我是不看臉書、不po臉書者之一，平時若幾個小時不看Line就可能失去友人臨時邀約，如出外旅遊也會讓友人感到失聯的不便，這就是使用它帶來的罣礙！

資訊化有形無形已影響並大大改變人們的生活習慣。低頭族產生許多不健康的文明病，如視力減退、頸椎、腰椎酸痛，得與失都是相對的付出。我們不能排斥它，卻可以自我節制使用，你說是嗎？

2015.02.11

64 可貴的情誼

雖然只認識短暫的兩年餘，卻好像多年的老友，有人說年紀越大越不容易交到朋友，此語對我與鄭振學長來說是例外。我們能拉近彼此的距離，此緣來自於一群復興崗的學長們。

鄭學長當年在復興崗讀了三年二個月影劇系，後來轉學到文化大學美術系。因緣際會，在復興崗有緣認識情感深厚的學長學弟們，這些人成為他終生的忘年之交，應該就是革命情感。我是應蘭學長之邀，參加 10 期影劇系多次的歡唱聚會而結識。很巧這些學長我都認識，每月一次聚會的歡唱在鄭學長家，他亦愛好老歌，在客廳装了一組高级音響，高功能频率的喇叭，銅質的麥克風，唱歌音質音感不亞於專業的卡拉 ok 店。據稱幾年來已分別舉行近一百餘場的歡唱，他為人謙虛誠懇又好客重情，每月不定期邀請初中、高中、大學同學來家聚會，這是促進大家聯誼情感最好的因緣。

鄭學長以美術系畢業，後來從事廣告工作四十餘年，如影劇、藝術、攝影，平面及電視媒體等，真正做到學以致用。數年前將搜藏半世紀的多種雜誌，從創刊號到雜誌停刊，他都能珍藏完整，國家圖書館得悉，想要收藏，他以低價割愛，如此長期耐心、恆心、毅力收購，非一般人所能及。室內蒐藏有詩詞歌賦、文史子集、藝術圖書，多達數百冊以上，以坐擁書城來形容不足為過，這是我所認識的鄭學長。

2015.02.14

65　情難～不落窠臼

人是有情亦無情的動物，理智與情感拿捏得體，要靠智慧，所謂有情眾生亦如是。但人往往執著於自我，之故「情」的煩惱成為八苦之源（註）。先入為主的主觀之見，往往會讓對不認識的人、事、物產生好惡，古云：「眼見為憑」，何況是聽來的，怎麼可以妄下評論，有失公允。起碼要經過觀察，深入瞭解，別人的意見，只能參考，好壞要自己判斷。人的盲點是不落窠臼很難。

用情有如此困惑，最明顯的是長官提起某位同仁，他聽到的好與壞都會產生先入為主的認知。因之，多讚美少批評便可以幫助這位同仁為長官所用，這是我們口說好話的美德。反之，同仁可能因為您的批評而失去被提攜的機會，因為長官相信您所言。之故，奉勸大家口說好話，心存好心，身做好事，則好運、好事也都會降臨您身上。

愛恨情仇有情如是，悲歡離合因緣如是，有情也好，因緣也好，要相守、要珍惜，人與人之間，今生能相遇都是幾世修來的福。父母、夫妻、子女能成為一家人，善緣、孽緣、討債、還債都要坦然棲受！是時也、是命也、是運也，一切都是最好的安排，夫復何言？

2015.02.18

註：八苦即是生苦、老苦、病苦、死苦、怨憎會苦、愛別離苦、求不得苦及五取蘊苦。

66 年俗的改變

中國人講究農曆過年是幾千年來的傳統，如今年輕人過年習俗有些改變，如除夕慎終追遠的祭拜祖先，過年在家吃年夜團圓飯，常被出國旅遊及外食訂餐所顛覆。祭祖的傳統文化，返家團圓的圍爐已淡然不再，這是年輕一代的幸或不幸？

我們很難違背傳統，但如今過年已大大不同往昔，穿新衣戴新帽是三、四年級兒時的回憶，過往傳統的登門拜年、寄賀年卡片，已不存在。幾年前以電話問候請安，如今以 Line 視訊影音替代。資訊的便捷，看似拉近彼此的距離，卻使人感覺有疏離感。朋友聚會最常見於餐廳的杯酒交歡、卡拉 ok 的歡唱、酒家舞廳的狂歡、Pub 夜店的陶醉，這是好友相聚最近的距離。其實不然，當曲終人散時，各自回家，心裏的空虛失落猶在，仿如看一場感傷的電影，內心感到寂寞久久不能平息。

改變創新並非不好，年齡產生觀念上的代溝必然存在，逐漸的改變會成為習慣，日久又成為傳統。古今多少好的傳統，不斷地被修正，大家都認同就成規範，風俗習慣如此，法令規章亦如是，沒有一成不變的禮教，這就是無常變易，您要適應它接受它。 2015.02.19

67　芝山巖惠濟宮

位於士林區至誠路芝山岩西側的「惠濟宮」，首建於清朝乾隆年間，是一座超過兩年歷史的市定三級古蹟。主神共有三尊，供奉漳州人的重要信仰「開漳聖王」、觀音佛祖，以及文昌帝君，是儒道釋三教合一的廟宇。芝山巖惠濟宮位於標高約 50 公尺的芝山岩小山丘上。芝山巖惠濟宮與其他廟宇十分不相同，乃為芝山巖與惠濟宮的合稱。有緣我住在附近，常健走環山步道而上，約十分鐘路程可到，每逢假日慕名遊客，遠道而來，在台北此景點是很熱絡。

由芝山巖正門而上，台階兩旁紅色燈籠高掛，加上艷麗櫻花盛開，新春假期徜徉其間，感受那份喜氣，仿如置身於宮庭之中，良辰美景不忘留影。光明燈書有閤家平安、財源廣進，八個字正是人人的期待。在宮前莊嚴寬大的廣場，可鳥瞰河濱雙溪公園及士林一隅，宮中兩側花木扶疏，綠意盎然，來此遊客除了上香祈福，亦可步道環山一遊。我是這裡常客，最喜歡來到提供善知識的叢書中，尋覓喜愛的結緣書品，如弟子規、頓悟入道要門論、幸福錦囊集、生死之輪迴及佛要經典等等，我形容有緣才能相知相惜的佛書。

在台北近郊能有林蔭步道者，除了陽明山上，芝山巖算是原始林最茂密的公園，我樂於介紹此景點，如果住在台北的朋友，來此一遊，我願義務導覽。　　2015.02.22

68　憶我的職場生涯

如果要回憶我 27 年的職場生涯，可從三個階段來述說：

第一階段：軍旅部隊生涯 58 年～61 年

民國 57 年 10 月 1 日畢業任官，分發陸軍，以少尉學員身份，前往鳳山陸軍步兵學校，接受半年的初級班訓練。結訓後回到分發單位擔任半年排長，58 年 10 月 1 日晉升中尉，回任政戰輔導長。59 年底到 60 年底基層連輔導長兩年都在金門服務。61 年晉升上尉調營政戰官，一年後部隊輪調返台。62 年元月 1 日奉國防部令調回到母校，結束四年部隊生活。幸當年尚未成家，沒有聚少離多的相思之苦。

第二階段：復興崗隊職與教職生活 62 年～82 年

畢業四年後有幸返回母校服務，特別感到親切。學生四年甘苦的歲月歷歷呈現眼前，從此擔任隊職前後有 13 年，朝夕與學生相處。從區隊長、訓導員，中隊長及改编營連的首任連長、營輔導長，後來經歷營長（比照旅處長）。71 年研究結訓調校本部訓育科長，73 年調學生指揮部上校訓導主任。從 64 年到 77 年，歷經隊職不同職務，75 年任研究班六大戰教職，擔任 8 年教學工作。隊職、教職前後在母校服務長達 21 年，如今從學生稱呼我的職務，即可知道那一年相處過，這種革命情誼只有軍中袍襗才有。

第三階段：台大軍訓主任教官 82 年～84 年

民國 81 年底考取大學總主任教官，82 年 9 月 1 日由教育部分發到臺灣大學服務。當年轉軍訓工作 14 期有三位，我們戲稱是同學末代教官。由軍事院校轉任到普通大學，最大的改變是學生對象不同，除了上課才穿軍服，平時都穿便服，感到文職的自在。學生言論、行為很自由，接觸到許多教授，瞭解到學術研究風氣的普及，台大是十分重視：「敦品、力學、愛國、愛人」的校訓，為國家培養無數學者教授、科技新貴、領袖人物、財經企業、醫療人才、律師法官，不愧是國內一流學府。有機會在此服務，與有榮焉。

綜觀以上三階段的職場，以母校服務最長 21 年，以台大服務最短兩年，但退休後參加台大多項社團，如臺大退聯會、登山會、聯合服務中心志工、退聯會合唱團、逸仙學會、臺大教職退休聯合會。庚續了淵源，進而延續了互動，這十幾年來更為熱絡。退休後我從 84 年底到 87 年期間每年應聘成功嶺大專寒暑訓，擔任反共愛國思想教育。想到 16 年來新一代的年輕人缺少的，正是愛國教育，無怪年輕人缺乏國家認同，這是值得當局省思呀！

2015.02.27

69 活動要取捨

往往因為活動的重疊，必須選擇參加，這是取捨的兩難，常見喜宴同時日，不同地點，只能參加一方。如三月一日，正逢每月一次的早餐會，又遇上臺大登山活動，只好選後者捨前者。一年難得參加新春開登，由會長親自頒發紅包給每位會員，雖只有區區一百元，但藉此相互拜年，討個喜氣，兩個誘因下，使今天多達近二百人參加。大家喜氣洋洋在清龍宮台階前留影，前會長徐年盛教授代表校長前來，一身西裝，贏得大家熱烈掌聲歡呼。

三月二日是 14 期北部地區春節團拜，士林公民會館 202 教室張燈結彩，布置喜氣洋洋，遠從高雄趕來的勝隆會長賢伉儷及副會長大同、資訊長小琪、財務長勇敢，加上台東、宜蘭等外地前來許多同學，共襄盛舉，使本次的春節團拜更顯熱絡。將近兩個半小時，大夥一起分別合影，女同學來了 15 位將近有一半，確實難得。以教授班、以系為單位分批合照，逾半世紀的同學情，只要道出姓名，人人都熟識，只因復興崗四年朝夕生活情。如今大家都邁入七十而從心所欲，不逾矩之年。歲月催人老，但大家心不老。晚上台北同學在意思義式餐廳，以簡餐邀請遠到同學，計有 20 位同學參加，彼此相談甚歡。

有感退休後時間雖多，但反而覺得活動一多，取捨兩難，如何選擇或婉拒，都要有圓融的智慧。我發現活動多的人，活力強，反之天天守在家的人，容易衰老，生活多采的人，生命自然亮麗。

2015.03.04

70　讓心沒有距離

友人問我，心與心如何保持最近距離，他的答案是「擁抱」。常見外國人禮儀，一見面親臉頰、相互擁抱、親親手背，都是民情習俗。在世界許多國家，在中國內地，更有許多奇異風俗，您的言行舉止都要小心，時時要注意「入境隨俗」，否則失禮、失態又傷情誼。

擁抱可以拉近人與人「心」的距離，好像有理；您絕不會對不喜歡的人來個擁抱，您卻會對喜歡的長者、認識的親朋好友、子女來個愛的抱抱。尤其喜歡對心儀的異性友人，來個溫馨的擁抱，這種感覺是愉悅、溫暖且幸福的。一般來說，男性對女性尤為強烈，然女性對不喜歡的異性，強行抱抱尤感厭惡，或許這是男女有別吧！

擁抱表現愛慕、熱情、喜愛、仰慕，何者都有足夠理由，這是有形的且看得見心的距離。有人表面上是熱情擁抱，卻背後插刀，對敵人表面是友人，背後較勁是仇人，表象會模糊，也會欺騙敵我意識。擁抱表現友情、愛情、熱情那是很自然的，有形的距離可以內化為看不見無形的距離，那就是心心相印，如心有靈犀一點通。好有一比：女人內在美雖看不見，但時間一久，大家都感覺得到那分特殊的氣質。

2015.03.07

71　與人爲善

如果您能在言行舉止做到「與人為善」，你的人際關係就會很好。「孟子公孫丑」篇有一句話說：「**取諸人以為善，是與人為善者也。故君子大乎與人為善**」。這個「與」可以解釋為「與別人一起」的參與，也可以解釋為包括稱讚、欣賞、嘉獎與鼓勵在內的「譽」。可惜的是，如此「與人為善」的人生智慧與人格修養，有的人是不知，有的是不重視，有的是言行不一。問題雖是不容易事事都能圓融。但只要做好凡事「與人為善」就會達到「與人共贏」的雙贏。要做到這四個字，只要恪守星雲大師勉勵人人做到三好運動，從自己身、口、意篤行。時時做好事、說好話、存好心，大家自然都會喜歡您。

佛家常說，衆生以十事為善，亦以十事為惡。身三者；殺、盜、淫，口四者；兩舌、惡罵、妄言、綺語，意三者；嫉、恚、痴，不信三尊；以邪為真、優婆塞行五事、不懈退。

「與人為惡」就是不做好事、不說好話、不存好心，人人將逐漸遠離您，社會上有好人，也有壞人，心存慈悲必定是好人，心存仇恨必是壞人，道理亦明。

「與人為善」說來簡單易懂，多少政商名流，明爭暗鬥，各懷鬼胎，不能肝胆相見，不能誠懇以待。有訴情障碍者，往往不受歡迎。IQ 高 EQ 也高的人～春風得意；IQ 高 EQ 低的人～孤芳自賞；IQ 低 EQ 高的人～貴人相助；IQ 低 EQ 也低的人～一事無成。人緣好的人，通常都做到「與人為善。」您以為然否？

2015.03.11

72 鄉親好友

我們是來自台南麻豆鄉親，逾一甲子的老朋友，大家都移居台北，每年聚餐乙次，今晚的聚會大家同意往後改為半年一見，因為大家已逾七十之年，越覺鄉親老友情可貴。

憶昔民國 43 年父親由二溪派出所調麻豆派出所服務，我由二溪國小轉麻豆國小三年級就讀，有緣結識照臣、肇凱隣居，也成為小學同學。我們三人小學五年級就結拜為金蘭之交的兄弟，上初中時敏男搬來麻豆成為隣居，我倆亦是曾文初中同學，後來他讀善化中學我讀曾文中學，民國 53 年不約而同考進軍校，他由當年軍法學校法律系併入政戰學校，我們有緣又成為同年班畢業同學，在軍旅生涯中，他比較有成就，升了將軍，我上校到頂。

姐夫有明是曾文初中第二屆畢業，後來考上台南師範，當了一輩子小學老師；達雄兄是我們從小尊敬的兄長，他曾文初中第六屆，中興大學 畢業後從事外貿工作有成，初、高中時擅長舉重、雙環、單雙槓等運動，鍛練一身強壯結實的身材，是我們從小崇拜的英雄；照臣就讀台南二中，後來從事商船報務長達三十幾年，跑遍世界許多國家，見識豐富。肇凱從小聰明機靈，善中畢業後從商多年，目前又自設工廠，專門製造空調器材，如今尚在事業上打拚。

這些老友都是我民國 43 年因鄉親及地緣認識，六十幾年之後，我們在台北常相聚，鄉親難得，老友可貴。

2015.03.15

73 旅遊活動

之一：

2015 年 3 月 17 日我們台北 18 位同學搭乘 07：00 高鐵於 08：45 抵達台南，與南部 26 位同學會合，參加 14 期第七屆同學會舉辦 104 年春之旅聯誼活動。大家都被安排第七車廂敬老座，我提前二分鐘抵達，同學都驚險我趕不上，一向準時赴約的我，强調不會貪污別人與自己時間。來去台南匆匆一日遊，一則可以見見老同學，二則安排參觀奇美博物館，重遊四草湖、15 井子腳瓦盤鹽田、北門遊客中心水晶教堂，雖是走馬看花，人對了都好玩。紛紛留影，留下許多歡笑。讓南部同學熱忱招待，享受美食甜點屏東香蕉，又帶回蔡會長為大家準備的名產點心「呷百二」。台北同學晚上在左營搭乘 20：30 高鐵北上，有 9 位同學因上錯北上月台，搭上 20：36 班車，致比預定時間延遲了半小時返北，只好自我安慰說可以相聚多聊聊。

之二：

2015 年 3 月 18、19 日參加台大老朋友茂林國家風景區二日遊。第一天：山地門文化園區，遊原住民九族文化，分別有迎賓、塔馬路灣、娜麓灣和富谷灣四大參觀區之導覽解說，有文物陳列室、工藝館、視聽館、八角樓特展館及解說服務中心。晚上下榻位於高雄六龜區茂林風景區境內的扇平山莊。地處荖濃溪畔台 27 線道旁，風光明媚，擁有歐風木屋，美麗的花園，及富有熱帶風情的庭院造景，有「小歐洲」的美稱。第二天：前往茂林國家風景區，一睹茂林的特殊山景。轄區範圍含括桃源鄉、六龜鄉、茂林鄉、三地門鄉、霧台鄉、瑪家鄉等六個鄉鎮。有導覽解說員，經他介紹許多地形奇特景區，是值得到此一遊的著名觀光景點。中餐在美濃民俗村享客家美食，隨後人人親自彩繪小紙傘，留下紀念。下午驅車北上，晚餐在苗栗紅棗食府享受別有風味的客家菜。傍晚回北車上，高歌歡唱。雖然來回兩日匆匆一遊，但在俐華小姐貼心週到的服務下，大家玩得盡興且愉快。

2015.03.21

74 我看 57 復興崗 2014

2014 年 11 月 1 日小琪兄接任 14 期同學資訊長，「我們一起寫過歷史共同看盡春秋青史幾番春夢人間多少奇才」。但見 14 期同學會服務平台，不到半年時間，點閱人次逾 11 萬 5 千，這是有目共睹的成果，我佩服小琪兄「困而學之」精神，求知上進的毅力，除了將 Face-book、Line、E-mail 三則網路連線，彌補許多同學資訊缺乏的不足，如今諸多學長、同學、學弟無不稱讚本期部落格已成為每天不可缺席的精神糧食，可喜可賀。

我願以過來人的體驗，訴說格主的辛勞：

1、文圖分類取捨費心：

2、文稿供稿不足煩心：

3、同學自傳催稿操心：

4、回應互動少亦擔心：

5、費時費力加上勞心：

格主每天必須在電腦前至少六～八小時，傷眼力、傷腦力、耗精力、損體力、久坐傷腰，久視傷眼，加上電腦銀幕輻射的副作用，直接間接對身心傷害於無形，小琪兄您辛苦了。希望同學能體諒格主的苦處，多鼓勵多回應，多供稿、多點閱，這就是對他最大的支持。 2015.03.23

75　問早、道好情誼永存

網上 Line 的群组與友人，與日俱增，有老朋友亦有新朋友。每天都有友人問早道好，早睡早起的我，只習慣問早，很少道晚。倒是幾位熱心同學，每天貼圖請安問候。會設計及會繪画的友人，獨具風格的文圖祝福，讓我們看到信息如見其人，感到友情的溫馨。

如今 Line 普及，成為生活不可或缺的知識來源，比電腦更為便捷的資訊傳播工具，聽說再不久的一、二年內智慧型手機將被新電子手環取代。資訊取得更便捷，成為終身學習最好來源。過去博覽群書在圖書館，如今一機在手，随手點閱，省了買書、存書、藏書、帶書的煩惱。又可在 Line 連絡感情，是視訊、是電話都拉近彼此距離。

雖然電子産品疏離人與人之間實質的有形相處，但也彌補無形的情誼在網路無遠弗屆的連繫。

2015.03.28

76　自在的生活

自在的生活，人人想追求，但非時時可求，我覺得獨自散（漫）步最能享有，享受大自然的美景，有青山有綠水，端看當下的環境，讀書、寫作、健行、打坐都能體會那分悠閒自在。當您與二人以上相處，您那份自在，就會被彼此話題牽引，更多人相聚，那份自在就消失無影，因為您不能享受獨思的悠然。

我很羨慕畫家背個畫架寫生的怡然，賞鳥人背個相機到處捕捉攝影的自得。我每天晨昏散步的樂活，這都是自在的生活。多少人因為忙於工作、玩樂而失去自我的生活，玩股票的人、經營大企業的人、有權勢官位的人，絕不可能有那分自在。星雲大師說，自在的生活就是：「**憂愁煩惱莫管他，悲歡離合隨因緣，老病生死不牽掛。**」這才是灑脫。

如果有興趣獨自旅行，獨自登山，也許比別人多出許多享有自在的空間。但住在大城市的人，比住在鄉下的人少了那份寧靜，很難享有。佛家講禪定即「**外離相為禪，內不亂為定，外若著相，內心即亂，外若離相，心即不亂。**」善知識遠離一切相的執著就是禪，由內心安住不亂就是定，外禪內定就是禪定。一般人很難不受外境所影響。其實心中有閒的人才能安享自在，退休的人不一定都有閒，要忙裡才能偷閒呀！

2015.03.29

77 不再衝鋒陷陣

經 3 月 17 日台南一日遊，驚覺大家不再衝鋒陷陣了，未來年度活動，澎湖之旅、東高雄飄山競水二日遊及明年九月交接遊港等活動之推演，將作重大調整與檢討。這是同學會第七屆服務團隊會務研討會附註之一。為何蔡會長有如此感慨？

是日我們台北有 18 位同學搭乘高鐵南下參與一日遊，在導覽員解說下，走馬看花參觀奇美博物館，前後約一個多小時，返回遊覽車的路程要走上十來分鐘，少數同學感到體力不支。蔡會長在車上如此說：大家都有七十歲的年紀，以後舉辦活動要考量同學體力，不宜走太多行程，不再衝鋒陷陣。

的確，人要服老，上了年紀，身心體能每況越下，不能逞強，想當然耳都是過往，年齡雖相仿，但體力健康有別，不能一視同仁。

有感健康對老年人的重要，退休後持續每日健走，二十年來持之以恆，對身心健康受惠良多，如今能走能動、能吃能睡、能唱能跳，健走之益，樂活每天，這就是福。

2015.04.02

78 兩極化的社會

兩極化指的是極富赤貧，在都會區可見。再貴的房子，再貴的地段，再貴的法拉利跑車都有人買，再貴的珠寶項鍊、骨董字畫都有人收藏，再貴的宴席、套餐都有人享用。有錢的身價上百千億，反觀一些赤貧的人家，三餐不繼大有人在。這是貧富不均，兩極化的現象。

有人說：這一生聰明、富貴、貧賤、美醜、都是因緣果報，甚至命好命壞都是天生註定，因此有「**拗不過命、巧不過運、能不夠錢、算不過天**。」的認命無奈，其實命雖有定數，運是能改，端看一生修心養性的作為。了凡四訓中，所謂「造命在天，立命在我」，命運確可轉移，一生中，眾善奉行，諸惡莫作，行善積德，服務人群，就自然命由我作，福自己求。

不要羨慕住豪宅、開名車、穿名牌、享大餐，這都是人家的福報。我們不要怨嘆、不要嫉妒，心平氣和，不計較、不比較，心安理得，活得自在，自得其樂，能樂活當下就是有福之人。

2015.04.03

79 台灣的危機與轉機（一）

今天參加每月一次的健康長壽早餐會，聆聽李發强教授一席演講，他自稱是一個平凡無奇的老人，受到許多熱愛台灣熱愛國家朋友的精神感動，選擇「台灣的危機與轉機」報告個人的看法，這是很有見解且有深度的演講，我樂於以摘錄以下要點提供大家參考。

他觀察經歷近六十年的世局，認為當前人類世界有人性、道德、文化和環保失調危機。而台灣是民主、政制、台獨和統一的四大危機分述之：

先說人性危機：人是有思想的動物，思想有善有惡，故有「人中有獸性，獸中有人心」之說，所以今日世界是「人類製造戰爭，戰爭改變人類」，總是治亂相乘，分合無定，世界各地戰爭不斷，是人類大憂。

其次是道德危機：道德的本意是指大眾遵守的理法大道，亦即合於修養的品性行為。人類應都知道，「存好心、說好話、做好事」是天經地義的事，所以國父說：「無道德無以立國家，無道德無以成世界」，但當利害衝突或利令智昏時，竟做出傷天害理、違背良心等不法之事，如政客顛倒是非，黑心商人用毒油謀取暴利，做出缺德的行為，最終害人又害己，因果報應也。

三是文化危機：文化是生活，也是科學、藝術、宗教、道德、法律、風俗和習慣的綜合體。文化的好壞，會影響生存的品質。世界文化概可分為東西文化；西方文化以科技、法治見長，但發展到今天，科技變成殺人的兇手，法治變成剝削民權的工具。形成了「輕德重財」的資本主義和「重物輕人」的共產主義，是霸道文化的代表，不利人民的幸福與和平；而東方文化是以倫理道德人本見長，稱為王道文化，因此產生了「人德並重」的三民主義，但人倫道德敵不過西方船堅砲利的科技，而敗在資本主義和共產主義的夾擊下，實是不幸，目前如是，未來不然。

四是環保危機：我們都知道人類生存有賴日光、空氣、水、山川大地和動植物的生長供養，但因科技的發展、人心的奢求，以為「人可勝天」，結果是環境惡化、威脅生存，最明顯的是人類「五波革命」：如第一波的「農業革命」，大量使用化肥、農藥，造成人類體質危機；第二波的「工業革命」，因大量生產，造成「人際冷漠危機」；第三波的「資訊革命」，因資訊發達，造成親情疏離冷淡危機；第四波的「數位革命」，因為沒有分際的跳躍思考，造成癲狂癡亂的危機；第五波的「意識能革命」，因超越知覺與靈通，造成人類文明怪病層出不窮。也許將來還有更多波的革命危機，還有看科技和人性的變化。試看近年來美國的「潘朵拉的承諾」，我國的「看見台灣」、大陸的「穹頂之下」所指環保危機，就可想見「人要順天」才能活下去，否則「天生萬物以養人，人無一德以報天」，人不自殺，天理難容，如台灣連續不斷發生的食安問題，人豈可依然無感。（待續）

2015.04.06

80 台灣的危機與轉機(二)

(續前文)

五是民主危機：

民主就是以人民為主，但希臘哲學家柏拉圖、英國宰相邱吉爾都說「民主不是最好的東西」，因為他會變質。台灣的民主學自美國，美國是施行資本主義，採用民主制度的民主國家，實行到今天，變成「選錢與權」的「對抗民主」，造成「政黨對立、媒體偏激、企業操控和中產階級的冷漠」四大弊端。我們立法院和司法院限制了行政院的功能，造成台灣的動亂，總統有權無責，行政院無權有責，都是推動行政工作的兩難。

六是政制危機：

所謂政制，就是政治制度。世界上行使民主制度的國家，是以英國內閣制，美國總統制，中國的五權制聞名，如今美式民主衰敗，以美國為師的台式民主陷於崩解，如不改革，只能「坐以待斃」。因為中華民國的五權政制，已被六次修憲支解不全，要生存，就只有再修憲改革。

七是台獨危機：

國家是用武力造成，民族是用自然力形成，要獨立在政治上是允許的，但必須合法。今天在台灣的台獨主張者，說「台灣人不是中國人，台灣文化不是中國文化，台灣地位未定論」。但誰都知道，台灣是一個移民社會，河洛是指中原的黃河與洛水，河洛文化是中原文化，也就是中華文化的根。台灣土地是中國土地，因甲午戰敗被割讓日本，因七七抗戰勝利再歸還中國，有開羅宣言和中日和約為證。我們都是血濃於水的炎黃子孫，如何能說獨立？大家祖先都來自中原的「河洛郎」，只是更早三百多年前隨鄭成功來台及最晚三十四年抗戰勝利以後來台，都是同根生，同中華民族、同種族，那來族群對立？可見主張台獨是不可行。

八是統一危機：

國家的統一，是歷史的必然，但統一要平等互尊，而非投降。國共之爭，時逾百年，國民黨之敗，不是三民主義之敗，其實「共産主義是民生主義的理想，民生主義是共産主義的實行」（胡漢民語）中共早期從「血洗台灣」到「和平發展」，又成為「中國夢」的崛起大國，是另一奇蹟，習近平要「以法治國」，卻又要「以黨领政」那非真正民主。放眼看兩岸要和平統一是時間問題，當年滕傑先生創立「中國全民民主統一會」意謂中國要走向全國民主，才是統一的時機，我們指日以待。

最後來談台灣的轉機：

我們從以上的分析，雖然對這個時代失望，對台灣有危機感，但也是化危機為轉機的關鍵時刻。我們認為只要實行中華文化，尤其要實踐禮運大同理想，我是深信，「境随心轉」，安危在是非，覺醒就有希望，尤其「中華文化能永遠同化侵略者和征服者，過去如此，將來還是如此。史學家湯恩比也認為「廿一世紀是中國世紀」。還有七十五位諾貝爾獎獲獎人，在一九八八年一月聚會巴黎，向世界宣言說，「人類為了生存，必須汲取中國孔子的智慧」，而孔子的智慧就是四書五經，尤其是禮運大同，主張「大道之行也，天下為公，選賢與能，講信修睦。故人不獨親其親，不獨子其子，使老有所終，壯有所用，幼有所長，矜寡孤獨者皆有所養，男有分，女有歸，貨惡其棄於地也不必藏己，力惡其不出於身也，不必為己。是故謀閉而不興，盜竊亂賊而不作，故外戶而不閉，是謂大同」的太平世界。當然，如何化鄉土意識為民族意識，化地域觀念為國家觀念，不再族群對立。如何加強道德教育及守法觀念，也都是化危機為轉機的必要配套。

我著述「尋夢人生」，用國父「以建民國，以進大同」的指示，要對未來分程實現。近程：以「中華文化统一中國」。中程：實現「中國世紀」。遠程：化中華文化為世界文化，建立有中國「禮運大同」特色的「大同世界」。這些理想，就是人類化失望為希望，化危機為轉機的希望。「為者常成，行者常至」。事之成敗，都在一念之間。

2015.04.07

81 在關懷站演講

日前應台北婦聯會之邀，前往關懷站做一場輕鬆的演講，講題是如何過快樂的（老年）退休生活，對象是 60～80 歲中年人。根據聯合國世界衛生組織的定義，老年人是指年齡超過 65 歲者，其中 65 歲至 74 歲可稱為年輕的老年人〈young old〉，75 歲至 84 歲稱為中等的老年人〈middle old〉，85 歲至 99 歲稱為老的老年人〈old-old〉。100 歲以上的稱為最老的老人〈oldest-old〉，即所謂人瑞。但去年 2014 年 9 月 20 日最新公布聯合國世界衛生組織公布新的年齡劃分標準又有些改變。

這是總部位於瑞士日內瓦的聯合國世界衛生組織（World Health Organization-WHO），經過對全球人體素質和平均壽命進行測定，對年齡劃分標準作出了新的規定，該規定將人的一生分為五個年齡段，即：

0 至 17 歲為未成年人，18 歲至 65 歲為青年人，

66 歲至 79 歲為中年人，80 歲至 99 歲為老年人，100 歲以上為長壽老人。

講前我公布這分資料，大家都高興升格為中年人。

如何才能過愉悅的老年生活呢？我根據網上資訊簡略如下：

一、老伴：知冷知熱老夫老妻，相伴一生，但幾十年之後，要忍受另一半誰先離世的必然，應珍惜擁有。

二、老窩：父母的家永遠是子女的家，而子女的家未必是父母的家。有這認知，就不要將房子太早讓給子女。

三、老底：老了要有些積蓄，錢不是萬能，沒有錢是萬萬不能，不到斷氣時，積蓄不能隨便交出去。

四、老本：身體是人生的本錢，硬朗的身體是子女的福氣，也是安享晚年快樂的根源，失去了健康，就失去了一切。

五、老友：從小、從年輕時結交的朋友，都能維持才是真正老友，老了再交朋友比較不易，除非參加社交活動如社區大學的終身學習。

六、老來樂：退休後要培養多方面的興趣，動態如養花、打球、登山健行、賞鳥攝影，静態如讀書寫字、打牌奕棋等充實生活內涵。

七、老來俏：穿著時尚，白髮染黑，容光煥發，美化自己，也增添精神，老要時髦少要乖。

八、老好人：有好脾氣，看什麼都順眼，聽什麼都順耳，這就是好修養。

九、老來三不管：

1、不管晚輩不節儉。

2、不管晚輩不孝順。

3、不管社會不平等。

總結以上，要做一個新老年人的標準如下：

80 歲的年齡，70 歲的外表，60 歲的體力，50 歲的包裝，40 歲的追求，30 歲的理想。如今 60 歲老人並不少，70 歲老人滿街跑，80 歲老人不算老，90 歲老人隨便找，100 歲老人精神還很好。要過快樂的老年生活，身心健康為首要。

2015.04.10

82 生活離不開資訊網路

有感資訊網路日新月異，生活步調形影隨之，成為喜悅方便的依賴，也成為失去苦痛的無奈，以 21 世紀人類的鴉片煙來形容，真是名符其實。除非您不上網，否則就須臾不離，這是您每天生活，已離不開資訊的寫照。

昔日常以 E-mail 與友人分享文圖，如今以 Line、weChat 取而代之，手機隨身攜帶，随時點閱，随時連網。週前吳教授瓊恩博士送我一本去年底剛出版的新書〈第三次工業革命〉，作者、未來學大師、JEREMY RIFKIN 傑瑞米・里夫金新作「物聯網革命」。這是改寫市場經濟，顛覆產業運行，你我的生活即將面臨的巨變。全新的「協同共享聯盟」經濟體制，正逐漸在世界舞台改造人類組織經濟生活的模式，它讓大家有機會顯著縮小所得差距，促進全球經濟的民主化，同時創造一個在生態上更能永續維持的社會。

書中指出資本主義的式微，將會擺脫市場控制，進而走向共享經濟時代，邁向更公平、更人性、更能永續發展的全球經濟，拜科技資訊網路可竟其功。

如今不用網際資訊已失去更多的學習機會，在全球資訊化時代來臨，雖不使用它，也天天要接觸它，豈能置身度外排斥它？使用它不是年輕人的專利，無關乎年齡。有感年歲稍長的人，為了終身學習，更需要藉著網路開拓視野。

2015.04.15

83　意外的驚喜

擔任同學 57 復興崗 2012 的格主兩年，從 2013 年 12 月中旬起至 2014 年的 8 月中旬，陸續在同學部落格刊載 74 篇同學小傳，完成「走過塵土與雲月」小傳文字檔之付梓。

書出版後發現遺漏第二篇吉淵的告白及第 38 篇陳紹龍小傳，一直百思不解，為何於「浮生歲月」分類中尋找未得，半年後卻在未分類欄中發現？失而復得的興奮與喜悅不在話下。隨即將兩文傳给現任格主小琪兄，希望很快於 57 復興崗 2014 部落格中優先登出，做為编印第二集小傳抛磚引玉的領頭羊。

在此也要向兩位同學表示歉意，請原諒個人的疏忽。因操作文章分類欄的錯誤，也發生在個人出版「所見所聞所思所感」～健群小品一書中，無獨有偶，随筆 46：「從慈與悲兩個字談起」；隨筆 81：「芝山岩的大葉榕」，兩篇短文亦在未分類欄內，生活隨筆欄因遺漏而未编入，如今找到答案，也是另一種驚喜。

凡失而復得的東西都值得高興，特以此文做以上略述，生活中經常發生隨身物品遺失的遺憾，卻也從中體會到，失而復得帶來的喜悅，相信大家都有此經驗。

2015.04.15

84 大陸行～北京上海參訪

在大同盟吳主席瓊恩教授的安排下，4 月 19 日至 25 日我們一行 10 人代表團參訪北京、上海。雖然此行以參訪為主，但將近有六次的座談中，彼此能暢所欲言。會談交流雖有共識亦有爭議，兩岸從學術研究探討政治、經濟、文化、軍事等議題，大家一致認同在心靈契合下，只有在恢復中華民族主義及發揚中國文化精神這兩條腿都站起來，才是統一願景的最好時機。

拜會行程如下：

一、4 月 20 日上午：中華全國台灣同胞聯誼會。

下午：國務院台灣事務辦公室。

二、4 月 21 日上午：國家行政學校。

下午：台盟中央。

三、4 月 22 日上午：參觀中關村科技園展示館。

下午 15：00 由北京乘坐高速列車前往上海。

四、4 月 23 日上午：上海市台灣同胞聯誼會。

下午：上海市社會科學院。

五、4 月 24 日上午：參觀恆南書院。

下午：上海城市規劃展示館、上海博物館。

為了留下記錄，特別分別請參訪同仁為文，將陸續發表於「健群行腳」部落格，也將照片 po 在相薄中，歡迎好友雅賞。

2015.04.26

85 鄉音難改～大環境影響

到北京到處聽到是標準的普通話，導遊小姐開口，就像台灣播報新聞的主播，人人開口都是捲舌正音。這是大環境的感染力，就如從小生活在國外，會說當地語言、在內地說普通話，大陸各省有不同的語言，老一輩者至今難改鄉音。如山東、四川、湖北、廣東、上海等說話很難聽懂。少數民族更要有人翻譯。

在台灣這麼小的土地上，南北口音就很容易分辨，南部人說普通話，人人都有台灣國語味，除了在眷村長大的小孩，但我發現許多從小住南部的外省子弟，說得一口流利的閩南話（台語），可見語言受到父母及社會環境的影響是深遠的。我是本省人，高中以前都住麻豆，讀了軍校後，平時很少說台語，如今唱台語歌很難標準，工作環境使然。

如今大環境下，從小講普通話，人人都字正腔圓，為了意識型態的不同，教授母語亦有爭論。我以為統一語言可以促進團結，至於母語從小父母教育即可。此次參訪北京、上海，語言溝通無障礙，才體會中國人之所以日益强大，全世界有六分之一人口講中文，中華文化的博大精深可見，語言统一更為重要。

2015.04.28

86 北京的天空所見所思

4 月 19 日來北京前幾天，一直報導北京天空籠罩沙塵暴之中，加上連日陰雨，北京連絡我們要攜帶雨具、口罩以備不時之需。想不到在北京三天參訪，晴空萬里，天氣晴朗，派不上用場，陪同參訪的林處長直說我們好福氣。

北京天空有天然的沙塵暴，及人為空氣污染，如工廠及汽車排放廢氣（400 萬輛），又逢三、四月楊柳成熟飄來雪白花絮，使北京天空灰濛濛。此次讓我們見識堵車之苦，也目睹柳絮雪花飄揚之美，加上北京人口，戶籍人口 1900 萬，常駐非戶籍人口 800 萬，流動人口至少 500 萬，高峰時人口約 3000 萬。比台灣還多出 600 萬人口。人口多製造更多的污染。以台灣面積 36,000 平方公里，北京 16000 餘平方公里比例，可想北京人口密度之高。

看到北京的硬體建設突飛猛進，但看人們的生活水平、生活教育，有待加強。在北京南站搭高鐵前往上海，進站的安全檢查，雖然排隊但都沒有秩序。相較之下，感到台灣的高鐵、捷運、機場出入境，排隊井然，值得安慰。北京至上海 1350 公里，時速平均 300 公里要花 4 個半小時，票價約 2600 元台幣，比台灣便宜，兩岸比較下是有好的一面，亦有壞的一面。

2015.05.02

87　了脫生活依賴

從小生活必需依賴父母養育，一直到學業告一段落，那是未婚前。婚後夫妻兩人共同生活，相互依賴一輩子。年老生活依賴老伴及子女奉養。人的一生要依賴親人，成為不變的潛規則。如今社會多元變遷下，單身生活的人越來越多，成人後生活靠自己，父母、夫妻生活終有別，離婚或誰先離世，都要面臨獨立的生活。基於依賴就是有所求，就是煩惱與罣礙，在條件能力許可下，了脫可以使自己更堅強，因此學習自我獨立生活很重要。

婚前家事都不曾做過的我，婚後二十年家務事，全靠上班族的內人獨當一面。每天招呼小孩上下學，假日任採買，下班還要做晚餐，倍極辛勞。我因在校擔任隊職，很少回家，委實心有餘而力不足。後來轉任教職，空間時間較多，前後有八年，才開始學會採買做菜。退休後心甘情願包辦家事，二十年來與內人角色互換，勞逸平分，不以為苦。如今想吃什麼就自己動手，不依賴，可自主，值得安慰。

一些大男人主義者，飯來張口、茶來伸手，看似享福，但日常生活事事依賴，有那麼一天必須自理時，生活變成白痴。平常食衣住行四大需要是要靠自己，學習自己獨立生活，才能了脫依賴。年紀越大，越須別人照應時，才體會依賴的苦，無奈的心苦。　2015.05.04

88　萬物皆有歡喜處

週前在上海虹橋機場候機時，於經緯書店買到一本「萬物皆有歡喜處」，作者是大陸祝小兔，是圖書策劃人，出版散文集多冊，他能體會日常生活中微小的快樂，也能察覺生活週遭轉瞬間變化的無常，他常常說，痴迷，就是情趣。人生沒有目地，對生命是一種損耗，有一件能讓自己痴迷的事是幸福的，生活盡量簡單就好。我很認同。

以清淨心看世界，用歡喜心過生活。講述 40 位手藝人和他們的平凡的故事，傾注著投入的感情和時間，微小而珍貴。静下來，找回自己的安定與純真。無所謂結果是否成功，至少對得起光明歲月，其他的，就留給時間去說吧！多瀟脫的人生，多豁達的心胸。

日常所見，因價值觀不同，有人一生中執著於某種嗜好，而有所成就，如藝術家、舞蹈家、音樂家、球員等，在多元社會下，他們成就事業。職業無貴賤，堅持走自己的道路，終能為社會世人所肯定。能捕捉生活週遭歡喜事，「執著」對某些人的一生，自娛又娛人，又有所成就，未嘗不是一件好事，您能嗎

2015.05.08

89　精神與物質

友人傳 Line 問我：曾經一對新婚夫婦，因太太朋友的先生每月給太太十萬元生活，她很羨慕，告訴她先生。結果先生說，妳是要精神生活呢?還是要物質生活？

如果從心經中「五蘊」來談，五蘊中的色，是物質；受、想、行、識，是精神。五蘊是構成我們世間每一個人的必要因素。思想意識是精神，是軟體；色身是物質，是硬體。精神生活是無形的、是內求的、比較長久，而物質是有形的、是外求的、比較短暫。

好有一比，快樂與幸福，前者偏重物質，如期待友人的約會、球敘、牌局、旅遊、登山等，後者偏重於精神，如家庭和睦、兄友弟恭，妻賢子孝等。人是唯一有思想意識的動物，不僅求溫飽，還要追求更高的精神生活，兩者必須兼顧調合，生命才會踏實。物質生活永遠追求不盡，有好的享受還要追求更好，有錢還要更有錢，欲望永遠不滿足，一味追求物質生活，結果必將造成精神生活的空虛。富有的物質生活，也不過求得吃喝一時的快感與舒服，並不能夠使精神生活得到真正的快樂自在。要求得物質與精神的平衡，身心兩方面的和諧，必須在物質生活足以溫飽的同時，再去求取精神生活的充實，提高精神生活的內涵，方能獲得真正快樂幸福。

有人說物質生活要往下比，比較容易滿足，精神生活要往上比，要從身心靈提昇，後者追求要靠美學、藝術、宗教等充實修習，這是人生較高境界，應該是職場退休後，才有此閒情雅緻。但說來容易，卻不易做到，不然為何文明越進步，精神病患越來越多，您以為呢？

2015.05.10 母親節

90 退休滿二十週年

今年是我退休滿二十週年，也是結婚滿四十週年，這是人生中很值得回憶的兩件事，民國 84 年 8 月於台灣大學退休，民國 64 年 4 月完成終身大事（結婚）。

至今津津樂道的是，人生很奇妙，高中畢業，為了圓大學夢，參加軍事院校聯招，考取政工幹校，成為職業軍人，穿了 31 年的軍服(含軍校四年)，考不上台大卻在台大服務，如今成為台大退休聯誼會會員。前者影響我一生，從事政戰教育工作長達二十多年，後者成為退休後參加許多活動的重心，至今仍在台大擔任聯合服務中心志工（有十幾年），參加台大登山社，台大退聯會合唱團，台大逸仙學會等等，這些是經年累月的活動。

二十年來退休後的生活是充實、多采、愉悅而樂於忙碌的。每天健走運動健身（日課），目前仍熱衷於學舞練歌，提筆寫寫所思所見，這是我的喜好，可以留下生活記錄，將繼續出書，分享好友。退休後仍然多方面學習，除了閱讀，最大的資訊來自網際網路，每天從許多好友傳來的 E-mail、Line 獲得，內容包羅萬象，資訊太多只能選擇性閱覽，這些是我最好的終身學習。

因緣際會下，先後參加兩個政治團體，目前都擔任秘書長，其一、中國全民民主统一會。其二、中國人反獨護國大同盟。不定期參加參訪活動、開會，關心國事。另外還參加許多社團，如每月一次健康長壽早餐會長達 30 年，參加佛光山台北教師分會，每年參加佛光山舉辦全國教師暑期佛學夏令研習營，復興崗校友會及 14 期校友會的活動都熱衷參與，退休後的生活樂忙中，不以為苦。有時為了參加友人喜宴頗有分身乏術之感。

軍人生涯使我身心永保健康，要歸功於規律的生活，退休後仍身體力行，終身奉行，習慣使然，一點也不勉强。做到早睡早起，身心就康健，此其一；適度的運動，要持之有恆，此其二；均衡的營養，對身體有益有害的食物要選擇，不貪口腹之慾，此其三；良好的代謝，吃喝拉撒都能正常，此其四；身做好事、口說好話，心存好心（心地善良、心存慈悲）必有好心情，此其五。以上是我的養生保健心得，說來容易，做到不易，僅提供參考。

退休 20 年在人生將近五分之一的歲月是何等珍貴！我認識一友人，以 100 歲為期許目標，扣除年齡後的餘命為年齡，比如您今年 70 歲，就自稱 30 歲，明年 29，後年 28，餘類推。你會活在越來越年輕，也許超過 100 歲是有可能。年齡只是數字，不能量化而身老，心不老才重要，我今年 29 歲，那你呢？

2015.05.15

91　喜歡與愛之間（一）

記得曾寫「愛與喜歡、喜歡與愛的等差」一文，那是兩年半前發表於健群小品隨筆文章，如今想到應集思廣義多聽友人的心聲，遂發 Line 芝山雅舍 91：喜歡與愛之別，敬請好友提供卓見。很欣慰，不到半天竟有多人回文，以先後來文就以 ABCD 順序登録。

A：喜歡，是來自欣賞對方的人品、氣質、風格、內涵、談吐、容顏……，因而，時常會想和對方見見面，聊天談心，餐敘小酌，唱歌跳舞，吟詩作樂，有共同興趣和嗜好，進而相知相惜，只想常相聚，不想佔有，是無私的，可以博愛，可以同時喜歡多位你所傾心的人，彼此情誼是完美的。

愛是兩情相悅，是情慾，是自私的，會想擁有，佔有對方，一旦付出真情，很難割捨，剪不斷理還亂，是甜，抑是痛苦，要做到「情到深處無怨」是很難的，愛一個人可以包容一切，無怨無悔，犧牲奉獻，是要求回報的，在彼此相愛，完全擁有的情況下。

B：喜歡一個人是看到了他的優點，喜歡是一種心情，會想佔有、擁有。愛一個人是包容了他的缺點，愛是一種感情，會犧牲、奉獻、付出、不求回報。

C：喜歡是喜歡，愛是愛；男歡女愛上，差如天與地。其實，質微同，量極差，兩者不太相干。魚水樂！美真善，入室裡。喜歡啊！心裡想，嘴巴說。人生喜歡人多多多，牽手同被人獨這位！情緣有深淺，兩樣可立辨！就動向而言，喜歡較個別性，愛則較具整體性。就時間來看，喜歡可以較短暫，愛則較久遠，喜歡或不喜歡，不須要選擇，愛或不愛則可以選擇，喜歡沒有責任性，愛則有，喜歡不一定要結婚，愛則期盼能結婚。

D：愛一個人，他（她）的喜怒哀樂佔據你（妳）整顆心，你會朝思暮想著他（她），心靈上多了一份牽掛與彆扭。喜歡一個人，接近他（她）很開心很自然，一旦分離也不會難分難捨，心靈上不會牽掛著。

E：喜歡讓人心生歡喜願意接觸如沐春風，不佔有可長長久久。愛由喜歡開啟，朝思暮想魂縈夢牽，渴望擁有患得患失，因愛而偉大欣喜若狂，因愛而失落黯然神傷。

其實男歡女愛是見仁見智，沒有絕對的對與錯，各有體會不同，綜合幾位友人傳來對此看法，隻字未改，呈現分享，亦不加評論。究竟愛與喜歡如「寒天飲冰水，冷暖自知」。將繼續為文，待後續發表。敬請友人提供您們的觀點，不署名但園地公開。

2015.05.17

92 喜歡與愛之間（二）

F：曾經看過這樣的話：「喜歡是淡淡的愛；愛是深深的喜歡！」

我覺得喜歡是愛的前奏曲，畢竟「一見鍾情」的機率太小。「喜歡」可以是互相欣賞、談得來、有相同的興趣、嗜好等；而「愛」則是除了有上述的情事之外，還會時刻想著、關懷對方，覺得生活中不能沒有他／她，或者想要再更進一步～肌膚之親。

D：愛該是犧牲還是奉獻～其實是一體兩面，誰要無盡犧牲與奉獻，但什麼是犧牲？是認知上的問題～如果你選擇的是婚外關係～就不能把無法擁有對方於視線生活，當是犧牲，這種年紀來談愛若是婚外的愛～就是不能逾越原則～怎麼佔有？總不能因為你的愛，去掠奪別人的愛吧！喜歡是欣賞與讚歎，對方的外在與內涵，處世與個性，希望與之分享觀念與看法，乃至生活點滴，喜歡是快樂的。

喜歡也許比愛更富足。因愛是單一，而喜歡是可以多面的。我可以同時喜歡很多人，卻只能愛一個人。喜歡^它的變數小，愛的變數太大～喜歡^可以成為另類老伴^愛可能成陌路，愛^會苛求、喜歡只相挺。

G：喜歡，多屬於理性；愛，多屬於感性。喜歡一個人，可能是他的某個才華或人格特質，但可以不必擁有他；愛一個人，卻想強烈佔有他，「也想不相思，以免相思苦，幾度再相思，寧願相思苦」是也。

H：有愛就有恨，這份愛相處久了，會掛念，擔心，心疼，心痛，慢慢有如親人一般。喜歡：尊重，話不能太重，欣賞彼此優點，因為看不到缺點，人不能沒有幾位知心好友，也就是說喜歡彼此，話語投機才能長久喜歡。

C：喜歡與否？是情感上的直接投射，在乎個人的主觀好惡。而愛則是偉大的情操及美德，基於良善本性和理念，不惜付出代價犧牲奉獻，所以愛不僅具有恩慈，有時迫於環境，亦需要恆久的忍耐，愛是極為珍貴的元素，我們甚至可以誇張的說，若是將「愛」從世界抽離，則這個世界變得空無一物。

現實社會生活中，處處可見男女之愛或喜歡產生的悲喜，但前者是感性重於理性，往往造成彼此傷害，後者較理性，傷害自然會降低。夫妻相處幾十年爭吵在所必然，有別於男女之愛，這是個人淺見。綜合諸好友對愛與喜歡的論述，雖短短幾十個字，我相信都出自內心底層認知後內化的肺腑之言，其中 C 君 D 君分別兩次發表卓見，表示感謝，原文照登。再次說明以上論述沒有對錯之辯。

2015.05.19

93　喜歡與愛之間（三）

「喜歡與愛之間」文發表後，幾天光景點閱人數與日俱增，可見人人有感，為了分享再續如下：

B：喜歡是乍見之歡，愛是久處不厭。
喜歡是向你伸出手，愛是緊緊握住你的手。
喜歡是嘴上講，你是我的；愛是在心裡說，我是你的。
喜歡是想靠近，愛是離不開。
喜歡後面經常跟著兩個字把玩，愛後面經常跟著兩個字珍藏。
喜歡是想佔有，愛是願付出。
喜歡一朵花就把她摘下來，愛一朵花就為她澆水。
喜歡是解你的衣扣，愛是解你的風情。
喜歡是得到的歡喜，愛是給予的安心。
喜歡是我該怎麼樣接近他，愛是我如何才能配得上他。
喜歡是壞了就換新的，愛是壞了就修，修不好就忍忍吧。
喜歡是看見了就高興，看不見就心煩。愛是甚麼呢？
愛是心甘情願讓對方成為自己的負擔。

I：喜歡是一份緣、一份真誠、一份情義、一份想念、喜歡是真心朋友、其實；我心裏也有你。知音知己。愛：男的遇事有擔當、互透視心靈、善良的性格、寬容的心、在一起是坦然、快樂。愛在自然而然在身邊的是最真。

喜歡日久會生情，男歡女愛是天經地義，但喜歡與愛兩者互動下，往往會由量變到質變。愛到深處無怨尤，是愛的昇華，但終難持久，因時空環境會改變，但看有多少海誓山盟，卻因無常，有一天失去喜歡的人，也失去那份愛，初衷本質變了。

愛有相思才是真愛，喜歡在一起自有歡樂，兩者是有等差，且有互動的。如喜歡一個人，當你們好久不見，你會突然想起他。愛一個人，當你們好久不見，你會天天想著他。

隨著年齡增長，自然失去年輕人的熱情、豪情、激情，但每人存在內心深處赤子的愛，仍然潛在擁有的，是否有機緣，端看各人選擇，人人造化不同。

2015.05.22

94　垂釣之甘苦

炎陽烈日下、陰雨綿綿中、夜深人靜時，看到許多釣客，不畏烈日、不怕大雨、熬夜不眠，前往海邊、溪流、船上垂釣，興趣使然，精神可嘉。

記得生平第一次垂釣是父親帶我到私人魚池養殖場，那年高中剛畢業剛考完聯考，父親要我放鬆心情，來到人工飼養的魚池垂釣，不必技術，只要灑些魚飼料，輕而易舉有了魚兒上鉤。在台北曾經到過釣蝦場，限時釣蝦，各憑本事，技術好與壞有天壤之別。生平就體會這兩次，可以說我對垂釣不感興趣。

經常健走於雙溪河濱公園，釣客或涉水垂釣、或結伴定點垂釣，幽閒令人羨。前些日子在淡水漁人碼頭，見許多釣客海邊垂釣，才得知假日人多，每逢連續週休假日，三、五好友結伴而來，日夜都有垂釣者。基隆碧沙漁港，提供漁船到外海海釣，收費很高，仍有許多人趨之若鶩。可見釣客族不少，局外人哪能體會釣魚之樂？

許多嗜好，只要喜歡就不以為苦，如排隊買票看球賽、聽名歌星演唱會、烈日炎夏打球、打麻將要久坐、旅遊搭長途飛機、餐廳排隊待進餐、苦候釣魚上鉤等等。以上種種，在局外人看來是苦差事，喜愛者卻是樂此不疲。2015.05.26

95 語言的力量

引用星雲大師的話：

在適當的場合說適當的話即是智是慧。
適中的語言令人歡喜自在。
適中的話可以結好的人緣。

說話是一種藝術，說了一輩子的話，除了為人長官、父母、師長，講話有訓示權威外，親朋好友就比較柔軟、溫和、浪漫、幽默，因彼此沒有距離。有些人口直心快，話說出口，常得罪人而不知。台諺：「心壞沒人知，嘴壞最利害。」而他們卻理直氣壯說，心地善良，只是說的直，個性使然。古德有云：「良言一句三冬暖，惡語傷人六月寒。」語言表達，代表人的思想、觀念、想法、看法，日久成為人格特質，產生個性，決定命運。

有人說我們花了五年學會說話，卻要花一輩子學會何時該講話，何時不該講話（閉嘴），何時何地對何人講適合分寸的話，可想說話有多難。我以為說話不難，難在講真話，如忠言逆耳，良藥苦口，卻有多少人願意接受？講假話虛偽的話卻昧著良心，討大家歡心。

對長輩對上司有些時候要講假話，但對晚輩、下屬一定要講真話，這真假拿捏就是說話的藝術，您以為然否？

2015.05.30

PS：急事，慢慢的說
大事，清楚的說
小事，幽默的說
沒把握的事，謹慎的說
沒發生的事，不要胡說
做不到的事，別亂說
傷害人的事，不能說
討厭的事，對事不對人的說
開心的事，看場合說

96　河濱芝山散記

漫步健走於雙溪公園步道，有默默行善的志工，正打掃落葉。約四、五年前，我將打掃當成晨間最好的運動，後來因忙於許多活動，未能持續。所幸有幾位熱心志工每天清早、黃昏，都將林蔭大道打掃乾淨，大家搶先做公益，欣慰他們行善功德，要向默默行善的志工致敬。

芝山公園環山步道，因原生種樹林被保護，一年四季，常見落葉不斷。幸好善心人士每天打掃，雨天之後，容易摔跤，市政府環保局在步道上，加裝止滑條墊，但雨後樹葉潮濕，尤其上下坡路段，路滑不小心經常跌倒。志工們雨中打掃，路過行走，說出感謝辛苦的鼓勵，他們都是默默行善的志工。

偶而打赤腳走在林蔭大道上，享受涼自腳底的地氣。住台北的人，那有機會享受芳草香味？士林雙溪河濱公園兩旁步道，晨起黃昏多少人徜徉其間，任您無限享受。有興趣的朋友，不妨抽空前來體驗。兩旁溪流潺潺，垂釣客引來白鷺鷥、夜鷹等待釣客施捨小魚，與人為伍的鳥類是溫和的。經常可看到結伴的藍雀、進口外來種的八哥、麻雀、白頭翁、綠綉眼及不知名的小鳥，這種情境不必到深山遠求，尤其週末假期，賞鳥協會、山友會都遠道而來。

我享受住家附近的芝山公園、雙溪河濱，何其有幸。特介紹友人分享。

2015.06.01

97 詩散文小說戲劇之分際

日前與學影劇的友人聊談，告知文學、戲劇的區分，有隔行如隔山的陌生，向他請教學習，他概說：從點、線、面、圓區分就容易清楚，我豁然有悟，略述分享。

詩是「點」：靜態的、主觀的，舊詩、新詩表现在每人不同的思維、感受，生活之中的情意都能在文字裡流暢，生活中的自然情境透過自己的觀察角度，會有不同的啟發；利用自己所見的角度用文字描述出來，投射自己現在的情況以及此刻的心情，可以感人肺腑，讓讀者產生共鳴。

散文、小品文是「線」：靜態的主客觀，其內容經常是在生活中，作者經過省思想傳達給讀者的訊息，如我生活所見、所聞、所思、所感都是小品散文，是有自己的想法看法。

小說是「面」：是動靜的、主客觀、有完整的敘述，從生活中寫實。情節是吸引人，是真是假只要受到喜愛，成為文學名著，永留千古。如中國古代文學名著三國演義、水滸傳、西遊記、金瓶梅等等。

戲劇是「圓」：透過文學、小說改編，表現於電影、歌劇、舞台劇、話劇。綜合以上點面線，有導演、演員明星、音樂效果、舞台設計、拍攝內景外景、剪接，多元配合、多種領域人才，才能呈現觀眾眼前。時間長短不一，從幾個月延續好多年，是集體創作合作的成果，過程多變複雜，經費龐大，通常是大資本透過電影公司製作才能完成。

綜上略述，以耳聞淺見，寫些感想，外行人談內行人的專業，不當之處尚祈指正。

2015.06.04

98 看 Line 有感

每天從友人 Line 傳來信息，成為生活學習重要的資訊，因為多而無法全部點閱，有遺珠之憾。為了方便視覺，大部分在電腦前觀賞，雖許多資訊在多年前已閱覽，但仍心存感激，溫故知新，樂在分享。

我轉傳 Line 必先點閱後寄送，重質而不重量，在時間允許下除了貼圖感謝，偶而寫幾個字回應。每人喜愛不同，取捨選擇兩難，什麼資料可以傳送？都要列入考慮。有些人熱情有餘，每天大量傳送，不問對方是否能全盤接受！當友人回應您的文章或資訊時，感到十分親切。大多數人只看，連貼圖都沒，這是網路倫理基本禮貌，不能不知。

每日友人問早道晚安，都帶來彼此的祝福，這是友情的珍貴。透過網路的請安，彼此有如見面的高興。見到許多好友陸續使用 Line，趕上資訊網路的時代潮流，這是令人喜悅的。但凡事利弊相隨，端看您選擇，手機傷眼、傷神，最好少看，但多少人終日成為低頭族，對身心健康是無形傷害，應有所節制。所見之感，謹提供參考。

2015.06.08

99 舞場歡樂人生

學舞跳舞近十年，有機會到舞廳、夜總會、舞場及卡拉OK 實地臨場觀摩，體驗不同性質的氛圍，僅以個人所見所感，提供參考。

這四者是有差別，舞廳基本上以夜間營業為主（到凌晨二點），通常有樂團現場演奏，提供飲酒作樂，開放式包廂，有舞女以節數計費伴舞，午後有開放香檳舞，可帶伴或請舞小姐陪舞。晚間、下午入場價錢不同，消費有別，台北目前仍營業的舞廳，只剩幾家可數，「華僑」、「新加坡」，十多年前的百樂門舞廳，只經營幾年，就結束打烊。

夜總會顧名思義晚上才營業，有樂團及歌星駐唱，內有小舞池，提供餐點水果及各類酒品，消費較高。一般來說，客人欣賞音樂演奏、懷念老歌、攜伴跳舞，那份逍遥自在，於忙碌的生活中，帶給自己輕鬆歡樂的享受。舞場分上、中、晚三場，播放各種舞曲，舞客翩翩陶醉起舞。平日與例假日收費不同，買套票有打折，是大家喜歡消遣娛樂的場所，可聽音樂、可跳舞運動，炎炎夏日冷氣消暑，是退中老年人最喜愛的去處。

台北有太多的舞場，生意很好，尤其中午過後人群很多，一些退休的公務員加上菜籃族的婦女，在舞場享受人生歡樂的一面。約下午五時過後，婦女趕回家做飯，舞場人少了一半。舞場內形形色色，以中老年人居多，有舞技高超者、有教學舞者、有練舞者。教舞者價錢以小時計，有六百、八百、一千二、一千五不等，這是新的行業，體力賺錢比勞力苦力要輕鬆些，又扣不到稅。但學成舞師前要付出多少學費及努力，非羨慕的我們所見。

卡拉 OK 是近二、三十年歷久不衰的行業，單純唱歌跳舞為樂，三、五好友結伴同樂好去處，但少數卡拉 OK 亦有女性陪伴飲酒，有酒店性質，沒有酒店的高消費，也是另類的服務，只要賓客上門，就有生意可做。

以上略述舞場歡樂人生，有這麼多地方提供消費者的選擇，僅以個人之見。當我看到舞場上人人愉悅快樂，他們享受當下歡樂的同時，我發現男女的磁場是異性相吸，天經地義，您同意為嗎？

2015.06.13

100　珍惜健康的人生

生老病死、成住壞空、生住異滅，是宇宙萬事萬物的宿命，明知天下沒有不變的定律～「無常」。我們卻經常為親人驟然的離世感傷，不能釋懷；為喜愛的東西遺失而難過，念念不忘。這就是人的悲情，七情六欲在心中時時讓您有所翻轉，喜怒哀樂憂傷悲，每天隨著情緒起伏，這是真實人生的寫照，亦是大家無法放下的罣礙。

年歲漸長，健康的危機意識在週遭親友可見。有人形容，70 歲以後的身體健康一年不如一年，80 歲以後一個月不如一個月，90 歲以後下午不如上午。這並不是人人如此，卻是提醒 70 歲以上的人，必要的警訊。老化隨年歲漸長而加速，那是生理機能逐漸走下坡的必然。要珍惜健康的可貴，緩慢衰老的腳步，唯有從起居作息規律，每天運動持恆，飲食營養適調，新陳代謝正常加上時時能保持好心情做起。說來容易，多少人能身體力行？

日前到醫院探望一位臥病的同學，深深體會到健康的可貴，50 年前不到 20 歲的年輕小伙子，今天都年近七十了。感嘆歲月催人老，期許自己能活得健康快樂，活在當下、善待自己才是我們當今要追求的人生。

有人說阿拉伯數子「1」代表人的健康，後面的 0 代表家庭、事業、財富、功名、地位……，當您身體失去健康，後面的一切都歸 0，您說是嗎？

2015.06.18

101　男女有別～談職場

社會普遍現象，五、六十年代的女性，不上班者多。經過二、三十年之後，不上班的女性少。很大的改變來自兩性平等觀念受到重視，加上教育的水平提昇，其中最大原因是許多女性婚前上班，婚後為養育小孩而中止上班。待子女學齡後又回到職場。

老天對待每人是很公平的，昔日男女的職場重男輕女，如今兩性公平競爭下，女性在各行各業成為佼佼者，在在顯示許多方面女優於男的事實。國際上許多國家是女元首、女總統、女總理，在台灣許多女性是國會議員、民意代表、黨主席、女將軍、女校長，在職場上許多企業界老闆喜愛任用女性主管；在政府部門，女性部會首長要考慮多少保障席次。讓大家肯定女性們的工作能力，「女強人」一詞，成為女性的另一驕傲。以十年河東轉河西的諺語來形容，最能解釋說明這種現象。

職場退休後，男士們大多數成了足不出戶的宅男，而女士們反而走出家庭參與各種活動。普遍來說，熱衷社會公益、宗教信仰、社大學習、旅遊參訪、社團活動，總是女多男少。從許多活動觀察，印證退休前後的差別，好像老天對待人的一生是很公平的。女性已走出家庭，踏上族群，活出多采亮麗的人生。　　　　2015.06.25

102 結拜兄弟情

都住台北，卻不常相見，但兄弟情依舊。因我們從小結拜、玩在一起，一起成長。小學畢業後，各自就讀不同學校，只能寒暑假才能見面，但這份情就持續逾越一甲子。憶民國 43 年，我們是麻豆國小三年級同學，因緣聚會下，同住在警察宿舍的左右隣居，朝夕相處的玩伴，可貴是純真少年情，一生一世情。

如今我們已逾七十之年，樂於回首話當年。兒時的天真、頑皮都成話題。話說我們三人，老大健皓當年任職陽明海運，擔任報務主任，長達 32 年；依次是健群（我），從事軍旅生涯，長達 31 年（我即以健群為筆名）；健蒼早年經營超商服務業，近二十年來獨自設廠，以冷氣空調風管製造為主，產品訂單不斷，讓他父子忙碌，至今仍在事業上打拚。三人難得見面。

平時我們以別號相稱，昔日書信、今日電郵都以單名如皓兄、群弟、蒼弟，倍感親切。皓兄因報務業務最早接觸電腦，文書處理、報表及打字迅速，最近我們使用 Line 互通信息，趕上資訊便捷。值得一提的是三人高中時愛好奕棋，如今是打麻將，但很難有閒情逸緻，見面吃飯小酌成為當下至樂，日前的聚會，大家感同身受。希望未來還有十年、二十年以上的兄弟情緣。

2015.06.29

103　學習新知

每天接觸太多的資訊，學然後知不足；看然後才見識新奇；行然後知理論與實際是有落差，這是網路世代帶給我們終身受用的資訊，顛覆過去的知識，僅從書本從報章雜誌讀取的侷限，如今在電腦在手機可以方便點閱，這是十幾年來學習新知的突破，未嘗不是現代人最大的福利。

每天開啓電腦，打開手機，呈現好友傳來資訊，問早道好如見其人，早起的人已互傳信息，我亦禮貌回覆，互動就是學習的開始。如一天不點閱，累積的資訊就很難再重讀，一些無法打開的影片資料就當它是與我無緣，別人亦常埋怨打不開資訊，我亦以此話安慰，無緣就錯過吧！我喜歡在公車或捷運上讀取，免除昔日隨身攜帶的筆記習慣，随時可以點閱，沒有錯過學習。

多少新知？多少景色？多少心靈舒果，都帶來每天的成長學習。很高興看到一些友人，陸續使用智慧型手機，昔日以傷眼力、費時間為藉口，如今樂此不疲，資訊網路無遠弗屆，直入人心，可見一斑。以下新的名詞都是拜資訊之賜。如果不知何意，可以到網路搜尋。

1、心理學上有一個著名的「瓦倫達效應」。

2、FPC 雁行理論 Geese Theory。

3、前攝行為 proactive behavior。　　2016.07.02

104 老的必然

人生自古誰無死？生命從出生就開始步向死亡，這是萬物的必然。之故，生的過程必重於結果。既然人人有一天都要與塵土同在，有生之年必須活出自我，活出快活與多采。

人生的成長過程每人都不一樣，命與運的造化是因緣果報，不能強求。生是偶然、老是當然、病是突然、死是必然，好像有道理。但我們應樂觀看待，生要生得好、老要老得慢、病要病得少、死要死得快。後三者是可以自我主宰的。

無奈，許多人年輕時不愛惜身體，老來要提早承受病痛，如三高造成心血管的疾病，抽煙酗酒造成的癌症，不良嗜好、不正確姿勢造成運動傷害等等。應驗一句話：「有錢難買早知道。」

上了年紀的人最明顯的老化是視茫茫，髮蒼蒼，齒牙動搖。加上耳不聰，膝蓋退化走不動，造成生活許多不便。看到週遭友人有如此困擾，時時警惕，老化是正常，如何減緩老化就是靠平日養生保健。

2015.07.04

105 照像？

往昔照個像要使用照相機，如今智慧型手機隨時可留影，傳統相機已被數位相機所取代，裝底片的相機成為專業攝影者專業用。如今記憶卡可照數千張，並且重覆使用，這是近幾年來攝影上很大的變革。

許多人愛拍照，也喜歡被拍照，有些人不愛照像，也不會使用相機。我屬於前者，高中時代買不起相機，可以到照相館方便租借，至今仍保存有高中旅遊照片。記得父親早年每年留下全家福，利用春節請照像館老闆來住家拍照。我們穿著學生服，應是我就讀初、高中的年代，（民國 46 年至 52 年），如今成為很美的回憶。

愛不愛照像好像有上行下效的遺傳，如今我們兄弟姊妹都愛拍照，在聚會的場合必留影。前年參加貴州黃菓樹之旅，同行一對夫妻堅持不入鏡，探究原因，他說家裡存放太多的相簿，將來怕子女不好處理，又佔用太多存放空間，就這麼單純理由不拍照。其實愛不愛照像說來是生活上的嗜好，談不上對錯，但我知道有些友人不照像原因不外，工作上職場上不宜曝光、視覺上怕閃光、不能近拍怕留下老態，這些都是形形色色的現象，據我所知不愛拍照是少數。如今電腦可以將照片存檔，方便點閱留下歲月的痕跡，隨時可看家人及自己成長的過程，何不樂於拍照？ 2015.07.07

106 求學憶往

惜情愛物是畢生的秉性，對老友珍惜常相見，對老照片（物）常欣賞懷舊，說我多情善感不為過。個性上不適合當軍人，卻穿了三十多年軍服，豈是人生際遇難料，讀了復興崗改變了我一生。

小學讀的是台南縣二溪國小一、二年級，三年級轉學麻豆國小，曾文初中畢業，又讀高中部，都在純樸的麻豆就讀。走路上學的經驗只有鄉村才有，讀高中時人人已乘自行車，幸運沒讀遠離家裡學區，看到通勤同學早出晚歸很辛苦。進入復興崗四年住在學校，亦無朝夕通車之苦。求學生活順遂，至今引以為幸。

小學到大學的學校生活，是人生最大的轉折。小學純樸、初、高中活力旺盛、血氣方剛，求學各階段認識不同的朋友，交友不慎很容易誤入歧途。在純樸的鄉下，單純的求學生涯，讓我一路走來沒學壞。軍校四年教育，養成規律作息，一生受用。至今在台北仍有十幾位初、高中同學常聚會，逾一甲子的同學友情歷久彌新。原先大家帶伴參加聚會，因為每聊過往而冷落大嫂們，後來只純粹同學的歡聚。目前最常相聚的是復興崗四年的同學，婚喪喜事常相見，半世紀的革命情感是建立在四年朝夕相處的機緣上，何其有幸結識這些一生的朋友。

2015.07.11

107　禪學與淨土（一）

2015 全國教師佛學夏令營，為期四天在三峽金光明寺舉行，來自北（宜、東部、花蓮）、桃竹苗、中部、南部（澎湖）等四個地區教師分會的老師，於 2015 年 7 月 13 日晚上陸續報到。7 月 14 日正式開訓，約近三百人參加，其中有五分之一是男性。

今年課程以「禪學與淨土」為主題，內容包括有談禪～禪宗法脈、禪與現代人的生活、禪淨雙修的要義、淨土思想與現代生活、生命昇華的世界、茶禪一味及連續三天的静坐參禪。分別由覺多法師、依空法師、鄭石岩教授、永藏法師、永恭法師、慧印法師授課解說。最難得殊勝的是星雲大師專程由南部趕來為我們開示，勉勵大家要多發心學習慈悲、理性、奉獻、為人服務，落實在生活裡實踐，因為愛與慈悲是用不完的。高希均教授以經濟學專家的角色建議大家，退休金可以分成三部分，三分之一自用；三分之一回饋曾就讀學校；最後三分之一捐給不認識而需要的人，他强調「一定要趁活著的時候與他人「分享」，您會發現捨得的快樂。

四天的課程是充實緊凑的，我們聆聽法師們有智慧的善知識，大家也體會三天在大雄寶殿的静坐參禪，兩次出坡體驗的動中禪，雖流汗勞動卻滿心歡喜。更難得的是見到一年才見一次面的老朋友，清淨住在金光明寺，感受無思想污染的環境（沒電視沒報紙），更享受寧静的住宿、新鮮的空氣、餐餐色香美味的素食，何等榮幸、何等福德？

2015.07.18

108　禪學與淨土（二）

向法師們致敬：

約十幾年前在三峽金光明寺參加一次全國教師生命研習營，之後每年兩次寒、暑假的研習營，一直都在南台灣佛光山舉行，這六年來增加暑期佛學禪修夏令營，我都報名參加。對生命教育的研習就讓給在職教師們，他們有舞台可以現買現賣，對佛學禪修較有興趣的我，從 2010 年至 2012 年三年參加修行次第課程研習，依序是「菩提心、出離心、增上心」。2013 年是「人間佛教法要」、2014 年是「人間佛教的戒定慧研習」、2015 年今年是「禪學與淨土」。連續有六年我都沒缺席，這是授課的回顧，值得給自己鼓勵。

法師個個都滿腹經綸博學多聞，除在佛堂講經說法外，在國內外大學授課有之，處處宏法宣教，參加國際宗教論壇，佛學精研造詣不在話下。本期依序聆聽依空法師、慧開法師、永藏法師、慧印法師、覺多法師授課。個個幽默風趣，聆聽他們善知識，內心充滿喜悅。

覺培秘書長剛到任金光明寺住持兩個月，兩次主持晚課禪淨共修，對老師的開示期許殷切，亦是大家很尊敬的法師。

金光明寺是近二十年來的建築，各項教學設備新穎，生活設施完善，讓我們可以享受學習生活的舒適，來此修持靜心是最好的道場，學習成長充電是最大的收穫。

另一收穫能見到老朋友，都是志同道合的佛門弟子，除了同室寮房，或編在同組，短短四、五天同修，豈能相互熟識？但十幾年經常看到的隱約熟識面孔，特別感到親切。相逢必是有緣人，我深信有緣千里來相會的因緣，您呢？

2015.07.18

109 禪學與淨土（三）

靜坐參禪之體驗：

四天的研習課程安排三天三小時靜坐參禪課，兩天兩次90分鐘動中禪（出坡體驗），一靜一動的禪不是理論，而是生活。透過靜坐參悟禪的無念、無門、無心，不需要透過語言溝通，可以心心相印，因為單純到可以無言。禪是悟的，不是學的。知識可以學，禪無法學，禪是悟的。禪是「用己心去接師心」的，許多古德大師，都是在生活行住坐臥中頓悟。

我們在大雄寶殿內參禪，由慧印法師講解禪坐要領，大部分老師都有禪修體驗。他提示：「打坐是調伏自己的心；要提起正念；一心不亂。」那麼要如何參禪？（摘錄佛光禪入門）

1、禪不離生活，而是語默動靜中修道，在生活上自然表現出平常心，不起分別妄想，是一種歡喜自在，有禪沒禪，生活品味不一樣。

2、禪，非妄想，是一種用心探究的工夫，重在精神的統一，意志的集中，非呆坐、非空坐，是要用心用力的精進不已。

3、禪是用心去體會，語言文字不易闡述，「悟」是非思、非想、非言、非語；「禪悟」是一體兩面，禪只是心，也是悟。

4、參禪，要不斷調整，不斷改變。禪就好像夏天的蟬，要脫殼，要蛻變，才能再生。

5、人，往往只看到別人，看不到自己，看到表面，看不到內心。由於自我的「觀照」不夠，無法明白真相，因此產生煩惱。假如我們時時觀照自己，常常自我反省，就能健全自己。

6、世間事，不是一味執著就能進步的，讀死書而不活用，不能獲益。留一點空間，給自己轉身；餘一點時間給自己思考，不急不緩，不緊不鬆，那就是參禪入道之門了。

7、打坐可以用來通達禪道的方法，但不是目的，牛車不進，打牛即行，不關車事，參禪悟道即是，不關身相。心為萬事之主，任何修行，重在明心見性。

8、禪，是不能從坐臥之相去計較的。但對初學者而言，坐禪仍是參禪的重要入門，如何坐禪？（1）要獨坐室；（2）要盤腿結印；（3）要寬衣鬆帶；（4）要搖身搓手；（5）要裹膝周全；（6）要平胸直脊；（7）要出氣和順；（8）看心不分，要看在自己的心，讓心繫於話頭上，不要讓心亡失了。靜坐不易在於懾心，在寂靜的氛圍中如何調伏己心不亂。

兩天兩次的動中禪（出坡體驗），按编組分配責任區，研習營老師近三百人，將金光明寺的內外環境打掃清潔，大家以歡喜心出坡，平時鮮少勞動的我們，打掃厨厠、清理水溝、擦拭桌椅，個個流汗，勤快有加，可見佛門弟子衷心的虔誠的禪心，禪是什麼？外若著相，內心即亂；外若離相，內性不亂。外禪內定，故名禪定（六祖壇經）云。

2015.07.22

110　禪學與淨土（四）

禪與現代人的生活（依空法師講）

每次參加佛學夏令營，很喜歡聽依空法師的課，他上課幽默風趣，善以小故事比喻，以投影片輔助教學，文字上深入淺出，此次以「禪與現代人的生活」為題，90 分鐘讓大家感覺意猶未盡。願以筆記分享學習心得：

（一）何謂禪定？外離相曰禪，內不亂曰定。（六祖壇經）

（二）禪定功能：1、攝諸亂心 2、為守智藏、為功德田、為清淨水～洗諸欲塵、為金剛鎧～遮煩惱箭。

（三）如何修得禪定？

1、呵五欲：色、聲、香、味、觸。

2、除五蓋：貪欲蓋、瞋恚蓋、睡眠蓋、掉悔蓋、疑蓋。

3、行五法：

欲～欲從欲界出，欲得初禪。

精進～專精不懈，節食攝心，不令馳散。

念～念禪悅，尊重可貴。

巧慧～籌量欲界之樂與禪悅，輕重得失。

一心～常繫心緣中、不令分散。

（四）各種禪

1、外道禪～帶異計，欣上厭下而修者

2、凡夫禪～正信因果，亦以欣厭而修者

3、小乘禪～悟我空偏真之理而修者

4、大乘禪～悟我法二空所顯真理而修者

5、最上乘禪～亦名如來清淨禪、一行三昧、真如三昧。

（五）禪的實踐方法

1、提起疑情

2、打坐觀心

3、參究不捨

4、生活作務

（六）禪與人生

1、淨化煩惱

2、認識自我

3、降伏妄心

4、苦樂超然

5、明心見性

6、生死自在

7、慈悲度眾

8、幽默巧慧

聽聞佛學講座，溫故知新，增長智慧，充實自我，法喜充滿，殊勝愉悅，樂以分享。

2015.07.23

依空法師簡介：

一九五一年生，台灣宜蘭縣人，一九七六年出家，同年受具足戒。

法師解行兼優，辯才無礙。向以佛教為根本，以文學為方便，來弘揚佛法。演講時，常以古典詩詞、戲曲及寓言，靈活穿插，巧妙詮釋，加上她關心現前社會、政治與經濟現象，往往能依聽眾根性，契理契機地把佛法生動表達，讓所有聽眾都能如三草二木盡嚐法乳甘露。

依空法師為台灣高雄師範大學文學博士，日本東京大學印度哲學研究所文學碩士、曾任《人間福報》社長、《普門》雜誌主編、社長、普門中學校長、中國佛教研究院副院長、美國西來寺住持、現任美國西來大學及台灣南華大學董事會執行長兼教授，並擔任佛光山宗務委員會委員及國際佛光會世界總會理事。

著作有《頓悟人生》、《一字禪》、《采風風采》……

111　禪學與淨土（五）

禪淨雙修的要義（鄭石岩教授）

如沐浴春風的殊勝，大家喜歡聆聽鄭教授的講授原因。他教了一輩子書，本人又是國際佛光會檀講師、佛光山叢林學院講師，從小家境很苦，半工半讀完成大學教育，追隨星雲大師，一生接近佛法，對禪淨雙修有深刻的體會，今天為我們講授佛法，博得許多掌聲。

將「禪淨雙修的要義」筆記整理分享：

一、在禪淨融合中念佛修持：

1、禪的捻花微笑與淨土的極樂世界不二

2、心淨則佛土淨，故禪淨不二

3、當下是真空妙有，是人間佛教

4、契會念，不念皆起正念淨念

二、念佛的要旨：

1、自心與佛相應孕育精神能量和智慧，心念中有佛的喜樂

2、尋找生命的歸依處

3、二諦圓滿，入世出世間法不二

三、念佛行佛的法喜：

1、念佛的行持

2、與阿彌陀佛相應

四、念佛的靈修效果：

1、增強部份神經迴路，提升生理與心理健康

2、提升我的覺醒，對世界有著美好的知覺

3、產生寧靜、仁愛和慈悲

4、智慧的開啓與超越體驗

5、有著到彼岸的領會

五、念佛參契生命的究竟：

1、得佛護祐、往生極樂

2、有了依靠的自在感

3、佛經中十念往生的保證

4、找到生命的究竟義

六、圓滿的禪淨雙修　無量壽的本質：

1、永恆的如來法界

2、現象界有熵（entropy），如來法界則無

3、生命世界的實存本體即如來法界

七、莊嚴的人生：

1、生命的實現，每個人都圓滿

2、無常中實現莊嚴

3、回歸無量壽的淨土世界

八、平等的智慧：

1、不起情染執著，禪定念佛不二

2、每個人都成就其意義與價值

3、透過平等，每個人都得到唯一，獨特和圓滿的實現

4、都得到法喜和自在

九、覺悟的本質：

1、無執著情染故能清醒地生活，得無量法喜

2、生命結束時，因覺悟而放下，從而回歸淨土

3、人生如旅，如夢如戲，但都得到圓滿，入如來法界

十、念佛法門的精義：

1、念佛從聞、思、修開始，成就無量壽、莊嚴、清淨、平等、覺的行持

2、以念佛與阿彌陀佛相應，即所謂禪淨雙修

3、念佛即心念如佛，從而相應，得往生極樂世界，又能在生活中實現佛菩薩的智慧

結語：從信願行聞開始念佛修行，在禪淨不二中與阿彌陀佛相應，實現美好的人生，最終入佛淨土，回歸佛的本懷。

（以上摘錄教學投影片）

鄭石岩教授簡介

籍　貫：宜蘭縣員山鄉　生日：1945 年生

學經歷：

*政治大學教育研究所博士

*美國俄亥俄州立大學研究

*前任教育部訓育委員會常委，
主管全國學校與輔導事務

*從事心理諮商與教學研究多年

*曾獲教育部輔導工作優良貢獻獎

*對佛學與禪學素有修持，是融合心理學、
教育學與禪學於日常生活應用的倡言人

*國際佛光會檀講師

*佛光山叢林學院講師

人生觀：快樂的生活、工作，隨時充實自己，有餘力則幫助別人。

作　品：

著作豐富，包括：《生命轉彎處》《過好每一天》、《換個想法更好》、《人生路這麼走》、《禪・生命的微笑》、《悟・看出希望來》、《覺・教導的智慧》、《父母之愛》、《發揮創意教孩子》……等三十餘本書，是積極入世，以書文度人的最佳見證。

112 禪學與淨土（六）

淨土思想與現代生活（永藏法師講）

「淨土在哪裡？」淨土在淨土的地方、淨土在心裡、淨土在人間。法師上課前要全體學員起立，帶領大家活動筋骨，有提神醒腦之效。他剖析極樂、華藏、琉璃、兜率、人間等淨土；透過影片闡述「心如工畫師，能畫種種物」，並以高亢的音聲唱出極樂世界的淨土莊嚴、阿彌陀佛的慈悲，獲得如雷的掌聲。

「極樂淨土的殊勝，在於時空無限、生活逍遙、社會和樂、融匯一體。」永藏法師表示，極樂淨土階級平等，在那裡生活能夠自在、歡喜、包容；華藏淨土的特色則是重重無盡、事理圓融、性空平等、自他兼濟。每天持誦《大悲咒》五遍，往生時能獲得觀世音菩薩導引西方極樂。若奉持〈普賢十大願〉者，普賢菩薩也是導歸極樂。

永藏法師提及，只要持念「南無當來下生彌勒如來」將來皆可往生彌勒淨土，聽聞彌勒佛講經說法，其特色「慈悲喜捨、近易普及、見佛聞法、回智向悲」。釋迦牟尼佛為成佛前，也曾經在彌勒內院修持，眾生有皈依，只要有受持五戒、十善者，亦可往生彌勒淨土，所有眾生皆能離苦得樂。

另外，永藏法師說明，藥師琉璃淨土的特色是「民生豐富、社會淨化、政治清明、身心康樂」。分享他剛就讀佛學院時，有位同學牙痛很厲害，當時門禁很嚴，他為同學持誦 108 遍「藥師咒」後，驚奇發現那位同學牙疼竟不藥而癒，這是他第一次體會此咒的神奇妙用。

「淨土裡的人際關係，其實就是給人歡喜、給人信心、給人希望，給人方便的四給精神」，永藏法師形容，淨土裡的生活處處充滿安樂，一切隨其所需、隨心所欲；在禪悅中過著禪定、安靜、愉快的生活，在智慧般若海中享受幸福與快樂。

永藏法師強調，人間淨土的理想藍圖應具有「平等包容、自由民主、慈悲喜捨、安住禪心、大乘方便、清淨唯心、勤奮願力、智慧靈巧。」念佛修持可以培養念力，當下即是佛光淨土。而唯心淨土，隨其心淨，則國土淨。

（參閱人間通訊）2015.07.25

113 禪學與淨土（七）

生命昇華的世界（慧開法師講）

如何修持一心不亂？「一心正念」的功夫成熟時，其念力可以貫穿三世～從過去世到現在世，從現在世到未來世～乃是實踐「生命永續」的根本法門與關鍵力量。問題在於：我們平日「如何訓練自己能夠「制心一處、正念現前」？您有哪些「念」頭？例如：雜念、貪念、惡念、妄念、邪念…例如：懶惰、懈怠、昏沉、消極、逃避…例如：心存僥倖、得過且過、馬馬虎虎、自欺欺人、心懷不軌、居心叵測…例如：惻隱之心、慈悲心、隨喜心、布施心、救護心、無畏心、無怨無悔…例如：發心立志、發奮圖強、勇猛精進、再接再厲、精益求精、鍥而不捨…有哪些事情會讓您念念不忘？又有哪些事情您總是記不住，而且即使記得也很快就忘了？有哪些事情一直在您心中揮之不去，猶如夢魘一般？有哪些事情會讓您牽腸掛肚、放心不下，難以割捨？有哪些事情會讓您心灰意冷、憂心喪志乃至槁木死灰？有哪些事情會讓您興高采烈、喜氣洋洋乃至意氣風發？

如何對治這些「雜念」與「妄念」？而且能夠生起「正念」？所謂「正念」，就是「與當下的學習目標、工作職責或修持法門相應的思維與信念」。若與當下的學習、工作或法門不相應，或是相違背的思維與信念，就不是正念，而是「雜念或妄念」。訓練自我「一心不亂」的心境與意境，是共通於世間法與出世間法的事務，而且其是共通於静態與動態的活動，例如：静坐、參禪、誦經、持咒、禮佛...等等的修持法門：乃至琴棋書畫、歌唱舞蹈、運動打球、朗誦詩文...等等。又可以由「朗誦詩文、持誦經文」入門。從「身、口、意」行「聞、思、修」，透過朗誦文章，讓三業及六根與法門相應，久久功深，一心不亂，自然現前。

善終的生命教育～跨越生死的生命功課，2005 年賈伯斯（Apple CEO Steve Jobs）應邀到史丹佛大學對應屆畢業生演講，他特別談到了死亡。他說「死亡很可能只是生命唯一最好的發明。」其實，不只是「死亡」而已，更廣義地說：「生、老、病、死」都是生命最好的發明，也都是生命的改變機制。生與死本來就是緊密相連，但是我們的錯誤認知與觀念把他們割裂了。在理性上，我們都清楚地認知：「生、老、病、死」一方面是生命的改變機制，一方面同時也是生命的自然旋律與週期，就如同大自然「春、夏、秋、冬」四時運行一般。

所以如果您希望善終瀟灑走一回，千萬不要拖過人生的賞味期，千萬不要變成生命的延畢期，要保留精神與體力，作為往生之用。其實我們都可以死得自然而不痛苦。要活得充實而精彩，老得成熟而睿智；病得深思而豁達；走得瀟灑而無憾。真誠擁抱生命，坦然面對老病；自在迎接死亡，永續經營來生。這是慧開法師的結語。（摘錄慧開法師授課筆記）

2015.07.29

114 「溫故知新」最好學習

一向有筆記習慣的我，至今仍留下大大小小的筆記本數十本，偶而翻閱，有溫故知新的回憶。可惜早期墨汁經久褪色，部分已模糊，這是當年始料未及。雖然「成、住、壞、空」是事物的必然，但未能保存較久，也是美中不足，小小遺憾。

民國六十二年回到母校服務，朝夕與學生相處，聆聽長官經年累月對師生的精神講話，無數次的專題講座，随手筆記，四十多年來教學相長的學習，養成随手留下年月日的記錄。如今重讀下，仍有當年景象的回憶，倍感珍惜。近六、七年來使用電腦後，依賴電腦方便儲存資料，疏懶隨手筆記，找尋資料就沒有順手翻閱方便，好的文章、美的詞句、精彩的故事，留下小記，日久翻閱，記憶猶新。好友相聚，笑話分享一樂，研究班教學八年，留給學員印象最深的，竟然是許多小故事大道理。

年歲稍長，學習或閱讀容易忘記，將最近佛學夏令營授課的筆記，整理七篇「禪學與淨土」存入部落格，日後方便點閱，藉此分享。雖然偏向佛學理論，但歡迎網友以學習研究精神探討。值得一提的是，好友知道我有寫筆記的習慣，經常送我精美的記事本，在此感謝。 2015.07.31

115　詮釋女人之美

談美有花美、景美、物美、人美等等，本文只談女人的美：描述人與人之間欣賞美的感覺，從多面向來說，外在美：如儀表、身材、高矮、胖瘦、到服飾穿著打扮；內在美：如看人心地是否善良、慈悲心、同理心、博愛心。前者是主觀的表象看，後者是客觀的長久細察，加上每人審美觀不同，美的標準不一。如情人眼裏出西施，怎麼看都美，就是主觀偏見之美，但別人並不一定認同。

美很難評分，世界選美由初選、複選、到總決賽，逐級評審，有台風才藝表演、語言表達能力、機智反應、身高體重、標準三圍、年齡等多項評分，要平均高分才能奪冠，選出的前三名，觀眾往往會有不同評論，有人認為第二名比第一名美，第三名亦媲美第二名，見仁見智，大家都以表象的外在美發表主見，但最終還是以評審團客觀評定。

有人反對女人選美是將女人物化。女人的美，可以傾國傾城，歷史上男人不愛江山愛美人有之，可見美的無限魅力，可惜人的美是青春的過渡期，無法長久，時間是美的殺手，人人公平。談外在美是短暫，猶如曇花一現，只有內在美是長長久久，可以陪伴一生一世，可惜一般人只重視短暫的外在美。

美對女性來說，影響一生，古人有云：「紅顏多薄命」天亦妒美人，時代不同，欣賞女人的美古今各不同。如今苗條就是美，年輕必貌美，其實各不同年齡層有其不同的美，從青春少女，到少婦，再到成熟婦人，晚年有高貴氣質之美，都是內外在美的素養。男人看女人比較重視外在，偏向主觀視覺，要看女人的內在美，需要長時間的相知相處。

美不是外表、不是單一、更不是一時的，只有歲月可以累積更多的內在美，其實女人有一種男人最欣賞的內在美「溫柔體貼」，這才是真正永遠的美。

2015.08.05

116　憶雙親

於「健群小品」一書曾憶父親二、三事，新富、新祥兩位堂兄收到我的書，最先翻閱此文，與四叔公（註）情深，常聽父親提及二伯父的兒子都很有成就，終身大事都要尊重父親意見。如今再憶父親是 28 年前往事，而母親早逝已是 55 年前久遠的記憶。父親在我 43 歲那年去逝，母親在我 16 歲初中二年級過世。我的雙親十分恩愛，卻不能白頭偕老，身為子女未能盡孝道，引以為憾！

父母親都生於民國十年，民國三十年兩人 20 歲就結婚，在當年早婚很正常，兩人都受過日本教育，可以日語交談，我與家姊當年都有日語名字，長輩稱呼倍感親切。光復那年，父親考進台灣省警察學校，畢業即分發至花蓮玉里派出所服務，因家有老母，幾次請調回家鄉不成，遂辭職返回台南縣家鄉，隨二伯父經商。因個性不宜，後來申請復職，得以選在家鄉服務。

當年母親隨父親職務異動搬了無數次家，結婚 19 年生下我們姊弟妹七人，39 歲那年因病離開我們，一生養育我們子女七人，辛苦持家，做到溫良恭儉讓，倍受左右鄰居喜愛，待人誠懇，心地善良，有慈悲心富愛心。「好人不長命」是母親走後大家的惋惜與感嘆，幼小的我們無法理解，但知道母親賢慧能幹、與人為善、相夫教子，與父親感情甚篤。管教我們和顏悅色，從不打罵，他生長在外祖父大家庭，又是長女，下有弟妹 11 人，我有六個舅舅、五個阿姨，從小有這麼多長輩疼惜，何其有幸，這是我對母親的記憶。

當年我讀軍校唯一贊成支持的是父親，在本省人的家庭，要突破當個職業軍人的觀念很難，要感謝父親的開通明理，他常以「軍警一家」更要熱愛我們國家。父親從事基層警政，身為人民保姆，為調解鄉民糾紛、交通事故、家庭失和、子女管教，無事不問。每次忙到深夜，經常要參加里民婚喪喜慶應酬，盛情難卻下喝過量的酒，無形中已傷害身心。一生奉獻警政近四十年，無怨無悔。退休不適悠閒，不到五年辭世。幸能看到每一子女婚嫁，雖未曾享受晚年生活，亦了無遺憾。一生為人處事，深獲長官親友讚譽，此生是功德圓滿。

寫於 2015.08.08 父親節

註：父親有五兄弟，排行老四，與二伯父最能談心，幾位堂兄都服務教育界，對父親尊敬有加，叔侄感情甚篤。稱父親為四叔公。

117　緣續兩代兄弟情

堂兄弟情深難得，我見證父親一生與五兄弟和睦相處，尤其與二伯父情深似海，從孩提年少到老，連父母親的婚姻，都是二伯父做的媒。常聽父親談起，日治時代，讀小學到高等科都由二伯父規劃。民國25年二伯父畢業於日本皇家警察學校，曾擔任日治時代巡查大人（警察）至台灣光復。光復後二伯父鼓勵父親報考警察學校，終其一生服務警界，是身受二伯父影響。因祖父早逝（註）做弟弟的父親視兄如父，從小父親大小事一定先與二伯父商討。

二伯父育子女11人，九男二女，個個事業有成，父親常以此勉勵我們，並以他們的成就為榮。惜父親比二伯父早逝13年，二伯父十多年來少了這份兄弟情，每見我們姐弟，憶起父親，常落寞感嘆！如今我們堂兄弟能緣續，誠為難得。新富、新鴻、新祥、正義、照男、憲治幾位堂兄，都比我年長，與父親叔侄之情念念不忘，很自然移情於我們姊弟，惜我們各居南北，平時較少相聚，逢年電話拜年報平安、請安，近些年有感大家年逾七十，彼此更珍惜這親情可貴。

日前新祥兄嫂由瑞裕長子陪同，安排見個面，姊姊、我、大弟都一起聚餐歡敘，想不到彼此子女們聊起職場，新祥兄長子瑞裕與姐姐子宗儒、女婿啓文，都有共同認識的朋友，瑞裕與啓文還是鄰居，不是這次的聚會還真就錯過呢？欣見三代兄弟之情緣續。

寫此文是感嘆親情、友情是要經常經營連繫，俗云：遠親不如近鄰，意指常見面感情必然濃郁，感謝三哥嫂促成我們此次的歡敘，並謝謝送我們的陳年美酒，願留文為念。

2015.08.12

註：祖父 1871 年～1934 年（民國 23 年）63 歲去世，祖母 1880 年～1968 年 88 歲去世。

118　增廣見聞

有趣的是，每晚十點以後收到友人信息，第二天清晨才點閱，只問早不道晚，是緣於早睡早起習慣，所幸友人都能諒解。因此之故，我是晨起早安代替友人的晚安，每天大早就收到許多好友的貼圖，如見其人，倍感溫馨。

通常利用早起點閱文圖，這是我一天重要的晨讀，許多知識、常識增廣見聞。讀書做筆記没有壓力，是最快樂的學習，我 Line 的族群及好友，前有佛光之友，只認識順德師兄，但近二百人的佛光人，從中展讀到好文章，我 po 文即有百餘人點閱，雖然大家不相識，但不影響分享。好友亦有數百人，不同群族傳來不同屬性的題材，天文地理、詩詞歌賦、音樂美術，旅遊名勝、政治經濟、國事天下事，包羅萬象，任君選擇。有 Line 的方便卻忽略 E-mail 及 Fb 的點閱，難免有顧此失彼之憾，但有限的時間，只能做某些事，取捨本兩難。

透過 Line 感謝連絡到失聯的友人，一句問候請安，知道彼此平安，這麼簡單的資訊，取代過年拜年、寄賀卡，登門造訪，真是我們現代人的福氣。Line 的好處除了國內外免費電話、傳訊快捷，幾乎取代昔日的電報、書信郵件，亦可藉由 Line 的好歌、好詞、好文，心情不佳時，獲得紓解，憂傷時，獲得安慰。利用 Line 的平台交流，友誼可以互動長存，雖遠在天涯卻若比鄰，欣見一些未使用 Line 的友人，已陸續參加，流行潮流，勢不可擋，科技帶來方便，使大家每天從中學習，快樂分享，人生一樂也。

2015.08.16

119　老化退化

身體老化，器官退化是生理現象的必然，是時間的遲早，但老化、退化得慢，是可以操之在己的。為何許多人看起來比實際年齡年輕十幾歲，有些人未老先衰，究其原因有先天、有後天因素。我問許多友人：如果眼睛與耳朵，年老後讓您擇一功能良好，您會選擇那一項？他們都不假思索，選眼睛比較重要，因為耳聾可以使用助聽器。科技醫療的進步，可以將身體器官修補或替換，如人工關節、人工植牙、整容拉皮、換肝換腎、染髮、戴假髮，隆鼻、隆胸，一為健康，二也是為了看起來年輕美麗。

先天「命」是遺傳基因，後天「運」是生活習性，如注意飲食與運動很重要，前者命很難改變，後者運需要恆心與毅力，如生活規律、均衡營養、適度運動，好的代謝、心情愉快，從年輕到老，如能始終如一，就是健康的保證。中年以後易發胖，少吃多動可以抑制。飲酒過量，抽煙熬夜，身體易老化，器官易退化。俗云：「充足的睡眠是最好的美容」。

如今同學都已年逾七十，大家都很注重健康，少爬台階，多乘坐電梯，愛惜膝蓋；大太陽戴墨鏡，保護眼睛；飲食節制，防止三高；修心養性，身心愉悅。每次看到行動不便的老人，會時時警惕自己，腳是人第二個心臟，走不動是衰老的開始，因而每天早晚有恆健走。記好保健三從四得：**從不酸痛、從不頭暈、從不發胖；吃得、喝得、拉得、睡得**。以此檢測身體健康。老是必然，老要老得健康才有尊嚴。以上談養生，無非讓自己能老得慢些。

2015.08.21

120 打球另類投資～健康

憶昔民國五十三年，高三畢業那年接觸軟式網球，十六年後，民國六十九年，在母校復興崗學硬式網球，承蒙體育系幾位老師仕友、克鴻、振中熱心指導，這份機緣很難得，利用每天下午學生體育活動時間勤練，進步很快。學會打球後期待週末假日，球友邀約球敘是快樂的事，就這樣前後打了十幾年。八十二年離開復興崗到台大，有機會接觸紅土球場，體會比較與 PU 球場不同球速，後來與文山球友也一起打了十幾年。如今大家雖不打球，但每三個月聚餐見面，大家建立一輩子的友誼。我民國八十七年參加長春高爾夫球隊，結束網球生活。

網球之友紛紛轉戰高爾夫，五期學長和國兄是其中之一。值得一提的是他没拿到部發球證，為了打球，十年前他捨得花費將近一百伍拾萬元購得有價球證，有了球證每週至少打三次，打球幾乎痴迷。經過十多年來，球技進步，球證亦水漲船高，漲了一百多萬，同仁都佩服他有眼光，打球健身又意外賺錢，一舉兩得，是另類最好的投資。

數十年前，大家認為打高爾夫球是屬於上層貴族奢侈的娛樂，如今已成全民化的運動，大學體育有授課，可見時代潮流改變，非今昔比。打高爾夫球有些許的限制條件，要有車、有閒、有錢等，可公關聯誼、可運動健身，不受年齡限制，是老少咸宜，最好的運動。缺點是戶外冬天很冷、夏炎熱、費時、花錢。不可否認，許多人打球建立良好的政商關係，升了官，發了財。最重要是健康了身心。

2015.08.23

121　喜見重生

颱風「蘇迪勒」肆虐侵台，經過將近二十天之後，欣見台北公園街頭路樹已整理復原。其中住家附近雨農國小內，一株卅幾年老榕樹被連根拔起，每天路過心裡惦念著。終於看到大型起重機、推土機合力將大樹扶正，修剪樹枝後完成種植，榕樹喜見重生。

颱風造成有形災害，除了有人傷亡，農作物損失，蔬菜水果、花草樹木、圍牆屋倒、大地滿目瘡痍。台灣地處海島，又屬斷層地震帶，每年倍受颱風、地震兩大天災威脅，這是我們居住寶島的宿命。老天是公平的，居住這裡的人帶給您四季如春，好天氣的福報，也帶給您天災共業，災難的變數。我們不能怨天尤人，只能自求多福。

每次的風災水災，政府要花費龐大的經費，諸如整治受創山川河流，補助農漁業損害，水電迅速搶修，道路立即維修，完修森林開發等等。不可預估的財力負擔。雨農國小的樹木整修，據說要花上四十多萬，老榕樹扶正，固定支架，保證一年內存活。區區小學如此，許多公共設施如公園的整修，觀光景點的恢復，都要花費許多人力物力，這是中央與地方政府共同的責任！我們只能祈禱天災減少來襲，事前未雨綢繆，做好防範準備，將災損降至最低。　　2015.08.2

122 愛別離苦（一）

生活中，明知無常變易是正常，心中卻很難接受親友突然離我們而去。「愛別離苦」是心中不捨的痛，在人的一生中不斷的上演，有一天也會輪到自己。最近認識的一些親朋好友，突然不幸病逝，說來總讓人不勝唏噓。「愛別離」這個「愛」就是貪愛，就是我們自己所貪愛的人事物，偏偏要別離，這個時候所引發的憂苦，我們稱為愛別離苦。

我常說今天的健康，不能保證您明天、後天的健康。年輕人不容易體會這句話，年紀越大，越覺得健康的可貴。健康會一年不如一年，一個月不如一個月，這是生理老化後，機能逐漸退化的現象，不同年齡有不同的感覺，如有三高的、糖尿病、慢性病的人是要長期服藥，當身心健康要靠藥物維持，是生理、心理的無奈，多少腎臟病的人每週要洗兩三次腎，才能延續生命，不問可知其心中的痛苦與無奈！

有感而言是：身心健康關係著每一個人的一生，平時就要做好保養保健及養生的生活，良好習性，就是您修心養性的不二之寶。我們不能凍齡，但可以老得慢、病痛少，願與好友共勉。

2015.09.02

123　愛別離苦（二）

談「愛別離苦」廣義說涵蓋：「生離死別」。前文只談死別之苦，好友建言應著墨生離；有感生離是思念不斷，無限罣礙，百般無奈，內心深處的痛，尤甚於死別。死別只是一時傷心難過不捨，特殊的日子哀思懷念，時間久了就自然釋懷。但親人生離之痛，幾十年後再相見時是否平安健在？永遠是牽掛。

當年大陸來台大批軍公教人員，就是生離典型的例子，誠如唐詩〈回鄉偶書〉：「**少小離家老大回，鄉音無改鬢毛衰；兒童相見不相識，笑問客從何處來？**」政府基於倫理親情人道的考量，於民國七十六年開放民眾赴大陸探親。一別四十年的親情有的是生離，有的竟然是死別！這是國共內戰的共業，悲歡離合，生離死別，愛別離苦也。

生離死別常見於天災，如地震、風災、水災、火災或突如其來的意外，往往造成家破人亡或妻離子散。眼見的死別，最殘酷的莫過於人為的戰爭，如一、二次世界大戰，中國八年對日抗戰，成千上萬死傷不計其數！不管是天災人禍，這都是不可抗拒的災難！每天社會新聞報導的車禍、情殺、仇殺造成人倫悲劇，生活週遭常發生的不外是生離死別，愛別離苦常見也。人人當珍惜有限生命，才能減少愛別離苦。

2015.09.05

124 愛別離苦（三）

再談愛別離苦，愛有對國家民族、社會大眾、宗親家族的「大愛」；有對家庭親情、友情、愛情個人的「小愛」。有了愛即有愛別離苦，尤其親情、愛情尤甚。

愛別離苦常見許多外籍勞工，來台打工，為了賺錢養家，離鄉背井，遠離家園，男人以從事勞動、工地打工為主，女人以從事看護、照顧老人或家庭幫佣，他們有的已結婚生子，為生活必須離開親人二年三載；台灣有許多商人到大陸投資設廠，留在大陸多年；一些軍人因外島駐防，幾個月才能返台探眷；派往國外使節，難得休假返台；許多家長將子女送到國外進修四年、七年不等；另有些為了工作需要，忍受異地別離等。男女談情說愛，常常分離兩地，愛情是兩情相悅的憧憬，很難以客觀探究，如寒天飲冰水，冷暖自知，本文不宜太多著墨。以上列述都離不開這種別離，那都是親情、是愛情相思苦。中國民間故事，牛郎織女七夕才能相會，雖流傳愛情美談，卻飽受人間愛別離苦。

人間悲劇，離不開生離死別，應坦然面對生死，珍惜生命，樂活當下。每天起床發現自己還活着，為自己高興，當能珍惜生命。達賴喇嘛的名言：「**誰知道意外與明天，何者先來？**」。愛別離苦，人人周遭，遲早面對，又何足懼？

2015.09.09

125　大陸另類新行業

男歡女愛不能長相廝守，因兩地隔離不能常相聚，都會造成婚後聚少離多的婚變。大陸離婚率近年來逐年攀高，衍生「小三勸退師」的新行業，他們有句話卻精準說中「外遇現象」，就是「**愛錢的第三者好打發，愛人的就非常棘手。**」

大陸的離婚率從 2003 年開始連續 12 年增長，而且離婚的大都是八、九〇年後出生的年輕男女，這個世代閃婚閃離，其中一項原因是由於社交網路發達，太容易認識新朋友，也導致出軌的機率提高。另一原因是兩地相思苦，內心空虛寂寞，感情世界防線容易突破。因幅員遼濶，從這省到另外一省謀職，夫妻聚少離多，見面不易，致產生婚姻問題。大陸兩性專家說：「先解決內部問題，才能解決外面的問題。」

當今社會婚姻關係中不乏第三者的介入，成為了夫妻感情破裂的導火索，離婚率上升，這給「小三勸退師」的存在提供土壤。這則新聞在電視播出後，大家認為目前大陸最夯的行業～「小三勸退師」。但是他們也必需具備法律學、心理學等教育背景，有的是家庭婚姻諮詢師、律師、法官、社工、婦聯工作者出身，對婚姻具有較強理解。修復婚姻是一項非常複雜的工程，非一般人能勝任。

2015.09.11

126 因緣逾甲子

半年聚會一次的約定是近兩年的共識，緣起於家姊的提議，按年長的順序輪流擔任召集人，我們是從小一起成長的鄰居，來自於台南麻豆小鄉鎮。

是鄰居加上從小學、初、高中同學，雖不同校但地緣讓我們續了緣。鄉下情誼濃，高中畢業後有升學有謀職有就業，大家各分東西，幾十年之後都移居台北，地緣又拉近彼此。青壯年大家忙事業，鮮少連絡，見面相聚都是退休之後。如今都已年近七、八十，我們很珍惜從孩提到暮老的這段老鄉情。

回憶民國 43 年轉學到麻豆國小，高中畢業就北上求學，短短十年居住麻豆，就成就一世交情，至今大家珍惜這份情。男士姊夫最年長，依序是達雄、敏男、照臣、本人及肇凱，下次聚會永澤答應加入。這份鄉情，因歲月久遠而歷久彌新，至今大家已相識逾甲子，怎能不珍惜？

2015.09.13

127　送禮「潛規則」

好友告知，最近收到一個皮夾，送者有心，除了那份小禮品表達送者的愛心，他更覺有受惠的實用價值，只是皮夾內放著一張紙幣，那張紙幣的價值是多了贈送者對受者一份溫馨的加持，可以讓受者財源廣進，這番盛情美意，讓他心存感激。

這件事，使我聯想起上一代的父母，生活中習俗的一些潛規則，大家都能口耳相傳，遵守是為了討個吉利，忌諱是求得避禍的安心，那不就是我們中華文化，幾千年來傳承的美德。正是「千里送鵝毛，禮輕情義重」的寫照，說來有趣，列舉如下：

外祖父一生以打鐵業為生，早期在台南六甲鄉下，農村產業，家家戶戶都需要禾鋤鐮刀，生意興隆。兒時隨母親回娘家，每次舅舅送菜刀，母親必取十元象徵性交易買賣，因為刀子相送不吉利，此其一。生活中送禮亦有許多忌諱，如男女交往，不可相互送鞋、傘、扇子、手帕，女孩子可以送男友領帶、圍巾、皮帶，男孩子可送項鍊、玉鐲、同音同意的善意吉利與避諱，說來無稽之談，但大家都默契遵守，此其二。祝賀喜事禮要成雙，奠儀要單數，新居落成不送鐘，祝賀陞官可以象徵性送隻「小棺木」，另外雕藝品獸「貔貅」是生意人的最愛，象徵財只進不出，此其三。

以上列舉，我們口耳相傳，尚能從善如流，這是一種贈送的愛心表達，也是傳統文化習俗無可替代的至善。可惜今天年輕世代，不可能受到這些潛規則所約束，反其道而行有之，或來個不知者無過，亦能自圓其說，現代的婚喪喜事，已經沒有往昔的繁文縟節，慢慢失傳的潛規則未嘗不是件好事。只是寧信其有，避諱碰及，求個心安而已，我們的下一代，必將這些潛規則，從習俗文化中消失。

2015.09.16

128　生命的勇者

當醫生檢查結果告知癌症末期，可能僅能存活幾個月到半年，如果願接受化療，可延長一年壽命，社大一位同學表情淡定，毅然告訴大夫放棄化療，醫生一時表情愕然。這是日前我們到和信醫院探望，他神態自然陳述上情，他對生死的淡定看待，讓我們敬佩他是：「生命的勇者。」

今年六月他常咳嗽，經過幾次到醫院門診，都誤以感冒治療，七月份打扮得體，還參加同學小孩婚禮，八月分聚會未到，卻突然得知因病住院。我們關心探望，他神情樂觀豁達，陳述病情、療程，讓大家神傷離開醫院，女同學為他落淚，我們情不自禁，哀傷湧向心頭。

九月份社大每月一次的聚餐在名廚料理會館，欣見他出席，在大家的祝福中，他告訴我們說，不接受化療有立即的生命危險，只好聽命於大夫，這是延續生命的無奈！忍受化療的苦痛。我們合照看不出他的病容，只看到他不畏死亡，樂活當下的樂觀。大家握手擁抱鼓勵，默默為他祝禱祈福。只要保持好心情，終會康復。期待下個月陽明山的踏青，我們再一起歡笑。重拾社大「心靈哲學」十四年來同學的友誼！

2015.09.22

129 鋼琴、鋼筆

兩個不相關聯屬性的物品，我想寫些感想分享。

當年民國 69 年在興隆路二段買了一層四樓公寓約百萬元，幾年後因就讀國小兒女學鋼琴，花了約房價十分之一，將近 13 萬元買了一台日本原裝進口鋼琴,廠商保證材質使用百年不壞。兒女讀小學時一起學鋼琴，在高中升學壓力下中斷學習，鋼琴就此束之高閣，事隔近三十幾年，鋼琴仍留在興隆路，家裡有琴我卻遺憾没機會學琴，如今羨慕會彈鋼琴又能自彈自唱自娛的人。一輩子要學習的樂器太多，只要有心有時間都可以學。西洋樂器我喜歡聽鋼琴、薩克斯風演奏，中國樂器獨鍾古箏及胡琴幽雅之美。樂器何其多，玩樂消遣都要學習？懂得欣賞亦得學習呢！

鋼筆是四、五十年代學子最珍貴的奢侈品，畢業第一名縣市長獎可獲頒派克鋼筆，那是多麼珍貴的榮耀，事隔半世紀，原子筆、簽字筆、鋼珠筆的便宜方便，已取代了鋼筆。讀軍校規定每天寫日記，養成日後寫了 30 年，一律以鋼筆用派克墨水書寫，至今未褪色，翻閱昔日一些以原子筆書寫的筆記字跡，大多已模糊不清。中國古代的書畫能源遠傳至今，要拜好筆好墨之賜。

時間、空間可以改變物品的價值，亦可以決定事情的對錯。了解之後，當釋懷許多事物的無常，人、事、地、物亦然，物換星移是本然。

2015.09.27 中秋節

130 計畫趕不上變化

一個月前本期同學會策劃 104 年秋季聯誼活動，時間訂於 9 月 29 日，地點在台中北屯區紅瑛庭園餐廳，有卡拉 ok 歡唱聯誼及參觀亞洲大學藝術饗宴。廣邀北、中、南部同學及眷屬。北部地區同學半個月來報名踴躍，八十幾位同學及眷屬參加，滿坐兩部遊覽車，一切在北部同學會幹部周全細心安排下，大家期待南北大會合。

無奈天公不作美，杜鵑颱風襲台打亂了計畫。9 月 27 日政戰學校十四期同學會第七屆服務團隊緊急啟事，原訂九月二十九日台中秋季活動，因【杜鵑颱風】已發展為強颱，為考慮同學年事已高，顧慮安全，本次活動暫緩實施，詳細時間另訂，多虧 Line 資訊公告之便捷。

計畫趕不上變化，常出現在日常生活中，此次同學會是動員北、中、南部地區幹部，辛苦策劃作業，因時間更動，參加同學亦會有異動，時空改變牽涉到遊覽車租借交通、人員部分重新調整等問題，負責連絡的幹部再次辛苦是必然的。北部同學藉此順道一日遊，如今順延應該是秋高氣爽，秋涼好時節。

常言道：計畫趕不上變化，變化趕不上長官（老婆）一通電話。雖是玩笑話，確實很貼切。其實計畫往往被天災所改變，如航班被取消、高鐵停駛、捷運不通，船運停駛等。最近看到一則年輕人喜歡開玩笑傳誦順口溜：「沒有知識，也要有常識；沒有常識，也要看電視；沒有看電視，也要逛夜市；最後不得已，只好再走進教室。」在資訊如此便捷中，您不學習必會跟不上時代腳步。

胡適先生早期就認為人生兩大悲哀：「**結婚之後不再戀愛，畢業以後不再學習**」。簡單兩句話卻道盡現代人的通病，值得我們深思。

2015.09.28

131 啓發思路

很少中斷的健走，當成每天的功課，享受獨自散步的樂趣。健走時腦海裡呈現些許的思路，成為小品寫作的題材。可惜沒隨身筆記，好的思路靈感返家就消失無踪。年歲徒增，記性差這是通病，明知離席莫忘回首，卻還是經常丟三落四，如出門忘帶手機、忘取水壺、忘掉傘具等。東西遺失只好安慰自己，舊的不去，新的不來，但心裏仍有幾分不捨。

創作需要靈感，也要靠幾許天分。聽來的是別人的經驗，親自的第一手體驗才最真實可貴。如跳傘、高空彈跳、泛舟、浮潛、海釣、登山、騎馬、搭乘熱氣球等，別人述說的經驗，您是無法體會的，在人的一生中是否有機會親自去嘗試？刺激、驚險、冒險不是每人都有意願。

日常活動啓發學習，聊談增加知識，網際網路提供最新資訊，常看 Line 的朋友，生活觀念、習性、人生觀深受影響，生活週遭許多友人如此改變，不難體會資訊傳播的力量！如果您仍執著不使用它，失去學習的機會，那會有些遺憾與可惜！

2015.10.04

132　憶台大研一舍

日前到台大退聯會例行練習歌唱，路經研究生宿舍，順道造訪二十幾年前住過的宿舍，老弟為我介紹室內設施，除了更換整套木質床櫃（實驗林統一製造）增加電腦一部之外，餘如往昔。

應該是二十二年前的往事，剛分發到台大農學院擔任主任教官，本來總教官要我接任大學部男一、二宿舍的管理，學務長召見時考量我初到校對學校環境陌生，將我改派到研究生宿舍駐點。得知大學部男生宿舍學生經常滋事，一般教官都要費心處理，感謝學務長的善意，我視為當年工作上的貴人，這是前話。

研究生宿舍就在校總區，是五層樓的現代建築，每一房間住兩位研究生，有衛浴套房設備，如今都有冷氣空調，平時教官不必費心於生活管理，宿舍每天有工友打掃，教官只負責學生生活設施損壞的審查，轉呈生活輔導組，再通知修繕維修的服務。研究生幾乎沒有生活輔導及管理，對我來說是勝任愉快。

男、女生宿舍分開，分由男女教官負責，平時只負責軍訓課教學及例行會議，每個學院有一位主任教官，各宿舍有教官與學生同宿，方便學生詢問需求，當年將近五十位軍訓教官，如今的軍訓室不到十位同仁（註），時代在變，環境在變，這個人都要跟上時代的腳步。

2015.10.05

註：台大軍訓室原來的編制 48 人，設少將總教官暨各學院編制上校主任教官七人，經二十年的變革，目前僅有軍訓室主任，男、女教官各一人，另軍訓業務聘雇不到十人。民國 97 年教官退出宿舍，原來宿舍區分為，第一至第四舍區及女生舍區，目前更改：一舍區改為大學部舍區，二舍區改為研究生舍區，女生舍區保留，三、四舍區合併為城中舍區，增加 BOT 水源舍區，原舍區的主任教官改為督導。2015 年 7 月 1 日又新增行政名稱為股長，之前教官在宿舍只負責宿舍的管理，而目前宿舍均稱輔導員，宿舍工作有住宿行政管理與修繕、生活輔導、宿舍相關的學習課程安排與聯誼活動等

133　心無罣礙

「心無罣礙」在人的一生，是很難了脫的苦，父母從小為子女付出的辛勞，為子女成家立業的操心，為第三代孫輩的照顧，都是無怨無悔的付出，待年紀老邁體弱多病，反過來需要子女照應，是否相對的得到孝敬回報，前者為人父母易，後者為人子女難。

所見所聞是：父母心甘情願對子女付出不變，而子女卻理直氣壯說：「心有餘而力不足」。時代在變，環境在變，價值觀已不同，昔日公婆的話為人媳者洗耳恭聽，不敢違抗。而今公婆的地位權威不再，反而事事遷就，這是近幾十年來最大的轉變。所見是普遍現象，幸好現在都是小家庭，已減少許多兩代相處的磨合。「我們是孝順父母最後的一代，卻是被子女拋棄的第一代」，這句話說得很貼切。

因此，為人父母不要為子女是否結婚？是否生小孩？操心煩惱，這些都是罣礙。熟讀「般若波羅密多心經」，自能體會心無罣礙，無罣礙故，無有恐怖，遠離顛倒夢想，究竟涅槃的真諦。

友人傳來 Line，勉人：五十歲以後，再也不要用健康去換取身外之物，因為此時，用金錢已未必能買到健康。要愉快地活著，雖然家家都有一本難念的經，不要再和別人比名利地位、兒孫如何有出息……等等，而要比誰活得更愉快、健康、長壽！

無力改變的事，就不必太操心，因為操心也沒用，反而影響了自己的健康。幸福靠自己努力創造，快樂要千方百計去尋找。只要心境好，每天想愉快的事，做愉快的事，自己找樂趣，就能天天都過得很高興。這段話正是「心無罣礙」最好的註解。

2015.10.11

134 「心無罣礙」讀後～

單親婆婆的心聲

拜讀芝山雅舍“心無罣礙”作者所見、所聞、所想描述甚詳，觀察入微，寫出天下父母為子女無怨無悔付出的辛勞、操心和照顧。反觀，子女對待年邁父母，孝順回報，反哺之恩觀念，隨著時空環境轉變，價值觀早已蕩然無存。形成「父母照顧子女是理所當然，被子女拋棄是時代潮流」的當然。同時指出現代公婆權威不再，地位的轉變，以及為人媳婦氣燄高張。 — 作者陳述真實貼切，激起讀者隱藏內心深處，積壓多年的無奈，以及忿忿不平的難忍怨氣，想藉此方塊，紓解胸中悶氣。現在，筆者以親身感受，詳述「單親婆婆的心聲」！

筆者正當花樣年華，懷胎十月，生下長子，隔年生次子，兩兒嗷嗷待哺，為人母親，含辛茹苦，扶養成人。求學過程，呵護備至，望子成龍，費盡心思。爾後，結婚生子，協助成家置產，身為婆婆，幫忙料理家務，相繼照顧三位孫子，含飴弄孫，不亦樂乎。筆者中年單親，曾因親情，犧牲再婚機會。當時是歡喜做，甘願受。如今是悔恨莫及！

十二年前長子全家旅居美國，次子、二媳婦、小孫和我同住，前些年幫忙家務，接送小孫達八年之久，倒也相安無事，其樂融融。孰料，當小孫無需照顧，二年多來，媳婦對待婆婆冷漠無情，百般刁難，視為眼中釘，並且理直氣壯提出，請婆婆搬離，不希望共同生活，理由是順應潮流。不喜歡三代同堂。再談兒子為了家庭和諧，老婆的話不敢不從，只好委屈老媽，忍氣吞聲，頗有寄人籬下之感慨，受盡媳婦白眼，養兒防老，親情何在?遲暮之年，身心俱疲，何處是娘身棲息所在？

清晨，微信傳來美國孫子「生日快樂」祝福聲，勾起了串串回憶，回味昔日祖孫親情，感慨萬千！三年了在台灣，未曾和家人共享生日宴。甚至，中秋佳節、年夜團圓飯，都是一人獨處。每逢年節，假期兒子都是陪著媳婦和娘家人，國內外到處玩樂，獨留無依親娘守空屋，幾年來幾乎如此。今年生日，內心深處多麼盼望，能和親愛的家人歡度生日快樂,這屬於自己特別的日子。

上午，兒子出門前，找媽談話了，我暗自欣慰，以為要給母親安排慶生。結果不是，是懇談，再度傳達老婆叮嚀；請婆婆儘快搬出，房間要利用當客房，兒子詳細說明他的苦衷和無奈，情非得已，請母親諒解。此時此景，教人如何理解和接受，忘記母親生日何時，卻牢牢記住老婆的無理要求。如此兒子，不談也罷！只怪當年娶錯女人，我的媳婦不明事理，沒有教養，更談不上三從四德，心裡只有娘家，婆婆根本不放在眼裡，畢竟婆媳之間沒有血緣，過去對她好是理所當然！媳婦說：她是家的女主人，和婆婆的生活方式和習慣標準不同，已經漸行漸遠，不想繼續相處住在一起……

以上是單親婆婆的真情告白，絕無誇張，只有隱瞞。天下無不是父母，唯有不肖晚輩。筆者寫此文，並非家醜外揚，而是想喚醒眾多尚在為兒辛苦為媳忙的婆婆們，不要再心力交瘁，趁早遠離親情束縛，善待自己。誠如作者所著「心無罣礙」樂活當下，尋求晚年快樂生活，注重養生。

健康長壽，結交老友老伴，培養樂趣，自求多福，不要依賴子女，老有所終，規劃養老歸宿。共勉之！

2015.10.31

註：此文雖非我小品文，但看完後，心有戚戚焉，我想天下多少為人媳者，應是少數如此不孝，特藉此 po 文分享借鏡。究竟時代在變、時空環境不同，昔媳婦熬成婆的權威已不再，卻淪落生活中，但看媳婦臉色生活的無奈。也許三代同堂的日子，真的已不適存於當今小家庭。

135　長庚養生文化村

藉由妥善的規劃及設施，讓居住村內的銀髮族不但能獲致良好照顧，也可以互相奉獻其寶貴智慧，建構豐富而多元的精神生活，使晚年不致有孤單感，甚至可以成為精彩的生命階段。這是創辦人王永慶先生的期許。

養生兼顧保健、醫療、休閒、娛樂，文化塑造多元養生文化，豐富退休生活價值。這裡有醫學中心級健康照顧、營養餐點設計、安全優質居家環境；專業養生休閒規劃、經驗傳承智慧交流、寬濶幽雅生活環境、銀髮學園專業學習。這裡有 17 公頃的後花園，漫步其中，盡享綠意大自然。有運動中心，設有游泳池、體育館、健身房，並有養生體驗營，讓住民生活多彩。有機會來到林口長庚養生文化村參觀，百聞不如一見，您會心生嚮往，期待來此享受悠然自在的晚年生活。

六十歲以後就有資格進住，可享受無憂無慮的生活，當家中只剩兩老，或單身一人，來此長住，衣食住行不必煩勞，可以認識更多銀髮族新朋友，子女不同住的父母，當您有退休金或足夠的養老金，來此享受晚年樂活生活是最佳選擇。

2015.10.15

136　湯糖躺燙談養生

與友談養生，湯糖躺燙寫了四個字，注音讀來是輕聲、二、三、四聲，請教如何解讀？他說要少喝湯、少吃糖、少喝燙的、少躺，看起來不難，卻很難遵行。

人的飲食習慣很難改變，外國西餐先喝湯，再吃前菜、正餐主食、魚肉、飲料佐以甜點；而東方人飯後喝湯，本省人邊吃邊喝，聽說飯後喝湯易胖，故少喝湯是養生。時下年輕人，冷飲冰品最愛，而我們年長者以熱飲為主，咖啡、豆漿都要喝熱的，我連喝啤酒都要不冰的，這就是飲的習慣。外國小孩出生就喝冰牛奶，從小就喝冰品，冬天吃冰淇淋是常事。

其次談吃糖，好像女生比男生喜愛，外國人常食甜點，尤其德國及歐洲國家，人人愛甜食，下午茶佐以糕點，可享舌尖的幸福，難怪肥胖者居多，可見糖要少吃！

再次談躺，就是要休息，老年人睡前腦海要淨空，不宜胡思亂想，要深沉睡眠六至八小時，睡醒後要在床上做軟身運動不宜立即起床？午餐後宜躺下稍歇，但也不能太久。中國人說，久臥傷氣、久坐傷肉，人懶就不想動，如站著想坐，坐著想躺，躺著想睡，都是圖個舒服，不想動就易胖。

最後談燙，飲食不宜燙，有損消化系統，老年人應當五穀、肉類、魚類、青菜、水果都吃才符合健康要求。不要吃太粗糙食品，會嚴重影響胃腸功能，只要含有大量可溶性纖維，如紅薯、蘋果、馬鈴薯等都可食！紅燒肉適量吃有好處，因經高溫處理後，大分子裂解成為小分子，飽和脂肪少，對人體有益的營養素非常豐富。

吃喝太燙，對喉嚨食道、胃腸有傷害，可是有人就喜愛燙食，飲食習慣影響健康甚巨，所謂病從口入，不無道理。常說能吃就是福，但吃多必定發福。

以上談少喝湯，少吃糖，少喝燙的，少躺，都是養生之法。其實人因體質不同，養生有別，有人大魚大肉、煙酒不離手，也活到七、八十歲；有人不煙不酒卻得了癌症！普遍來說養生之法，人人有別，不能照單全收。

2015.10.17

137　時間管理

什麼是時間管理？時間管理是有效地運用時間，降低變動性。

時間管理的目的：決定什麼事該做，什麼事不該做。

時間管理最重要的功能：是透過事先的規劃，作為一種提醒與指引。

以下所述針對守時的重要性而談。

做人做事成功關鍵的條件之一，是要先做好自己的時間管理。從小父母、老師協助您如何運用、使用、支配時間，到了社會工作，老闆、上司、長官要求你準時上下班。人在職場受限被時間管理，退休後才能真正可以做時間管理的主人。養成守時的習慣將受人尊敬與歡喜。

我們退休後享受悠然自得的生活，更要懂得如何管理、分配、使用時間，我一直要求自己，管理時間首要做到守時（準時），不論是為人上司（長者）或為人下屬（晚輩），人人都要做到準時，這是基本禮貌。退休後生活吃喝玩樂能妥善安排，就是時間管理。與人有約，您習慣是早到或晚到？前者是浪費自己時間無妨，後者是浪費別人時間，不尊重友人就是失禮。

中國人普遍有不守時的毛病，社會常見最不守時的場景，莫過於喜宴上，喜帖明示開席時間，往往延後一小時以上，大家見怪不怪視為正常，這是積習難改的風氣。老師準時上下課是學生最大福利，尤其不能遲到、早退，因為影響全班學生上課時間。

搭機規定要提前兩小時辦出境手續，正因為幾百人的旅客，不能因少數人影響起飛！如果大家赴約都可以像搭機或乘坐高鐵般準時，那麼您不僅利人利己，大家還歡喜。守時的朋友人人喜愛，守時在日常生活中能成為習慣，做人做事已成功一半。守時看來容易，請問多少人能做到？

2015.10.21

138　杉林溪賞花

今年 4 月初與友人前往杉林溪賞牡丹花與紫藤花，牡丹花美艷，鮮紅紫紅粉紅、深黃淺黄淡黃，五顏六色，美不勝收，紫籐花除紫色外亦有深黃淺黃，串串棚掛垂下，忍不住讓人佇足留影。10 月下旬與台大退休聯誼會同仁，再度來到杉林溪，兩日生態之旅，看到正盛開的繡球花及丹鼠尾草，不同季節有不同的花卉，令人賞心悅目。到杉林溪賞花、散心，好好地放鬆心情，深深地做深呼吸享芬多精，這是住都會區人難有的森林浴。

杉林溪海拔 1600 公尺～1800 公尺平均溫度 16 度攝氏，氣溫涼爽，景色宜人。森林生態度假園區位於溪頭往阿里山健行熱線之中途站，海拔 1600 公尺，一年四季花期不斷；春櫻吐蕊、夏石楠花開、秋蘭飄香、冬楓相映。自溪頭孟宗山莊後的溪杉觀光道路進入，著名景點依序為石井磯、青龍瀑布、聚英村、花卉中心、松瀧岩與天地眼。過了溪杉公路上收費站即可見到「石井磯」指示牌，沿竹林小徑至杉林溪流旁，可見因長期受溪流侵蝕而形成一窪窪如水井般石洞的「石井磯」景觀；而「石井磯」下游地勢成直角下降，瀑水傾瀉形成「青龍瀑布」。聚英村為此區本部，提供套房、小木屋、露營區等食宿服務，停車場旁的花卉中心植有滿天星、繡球花與牡丹花。

住宿杉林溪大飯店，餐廳在地下室一樓，食宿方便，房間內有暖氣設備，常溫下不需要冷氣，冬暖夏涼很舒適，晨起室外 15 度 c 左右，並不覺有寒意。我沿著大飯店外圍，經杉林溪橋，沿溪流走到木屋區、腳踏船區，享受早晨新鮮空氣。看到清澈見底的溪水，深呼吸很舒暢，這裡提供一個月住宿 58000 元，平均一天 2000 元，如果口袋夠深，當做遠離城市，來此修心養性，未嘗不是休閒避暑好聖地。

2015.10.24

139 述情障礙

述情障礙（alexitymia）又譯作「情感表達不能」或「情感難言症」,它並非一種獨立的精神疾病，可為一種人格特徵，也可為某些軀體或精神疾病時較常見到的心理特點，或為其繼發症狀。述情障礙患者不能適當地表達情緒、缺少幻想，普遍存在於心身疾病、神經症和各種心理障礙的患者中。於述情障礙者對情緒變化的領悟能力差，心理治療反應不佳，常給治療帶來不利影響。述情障礙可能發生於很多疾病患者中，如冠心病、類風濕關節炎、偏頭痛等；與心理因素有關的消化道疾病、皮膚病等。此外，精神障礙如神經症、精神性疼痛等（以上摘自醫學百科網）

日前由一位教授聽到述情障礙名詞，經 Google 搜尋，大都是從醫學角度探討，原來普遍存在生活週遭中。「情感表達不能」或「情感難言症」，除了個性有關，從小家庭教育，學校教育，到社會工作環境都會深受影響。常說習慣養成個性，個性決定命運。當它成為人格化特質，就很難改變。君不見一些教授很有學問，但語言表達能力不佳，滿肚子學問不能傳授；男女談情說愛時言語木訥，溝通不良，交往不順；能寫不善表達或能言不善寫，都不能兩全，這些都是屬於述情有障礙。

電視政論性節目名嘴、民意代表問政、選舉造勢活動，個個能言善道，他們才是述情高手，能說能辯、不能說不能辯，都是語言述情的優劣勢，尤記得學生時上「演講技術課」，老師講了三個小故事，至今未忘，證明語言表達的重要，樂以分享。

其一：兩家豆漿店相鄰，甲店賺錢，乙店不賺。客人到甲店，客官請問您豆漿打一個蛋或兩個蛋？乙店請問豆漿加不加蛋？甲店賺了許多蛋錢。

其二：與女友約會看電影，如能先找到兩家影院並先查好片名，讓女友選擇，很少不答應，而非問要不要看電影？

其三：小華不喜歡洗澡，問她今天要讓爸爸或媽媽洗，她會選一，達到讓她洗澡目的。

以上小例，可見述情表達很重要。您認同否？

2015.10.28

140　我們這一班

我們曾是士林社大心靈哲學班民國 90 年～96 年同學，8 年前趙玲玲老師應邀赴北京大學講座，不能為我們繼續授課，為續同學緣，我提議每月聚會乙次，多虧班長佩英的熱心召集及提供場地，同學們踴躍支持參與，我們又延續 8 年相聚，至今前後 15 年之久。這份同學情加上友誼，可說是很難得的交情，每逢老師返台探親，同學相邀師生歡敘，良師益友、亦師亦友，深信此情將一直延續。

最初幾年，每月聚會每人備菜，數年之後改成在餐廳聚餐，幾次由順和賢伉儷安排一日近程旅遊，大家都樂於參與，台北許多餐廳我們有幸品嚐，留下深刻印象，一年 12 次聚會，十年來近百次，我們是志同道合、吃喝玩樂的好夥伴，友誼長長久久。

今日有 14 位同學（含眷屬）陽明山踏青，順和夫婦是嚮導，為我們準備水果、咖啡，非常熱心地介紹竹子湖路「名廚料理會館」享美食。老闆親下水塘摘海芋，讓大家玩得盡興，拍照留念。感謝順和、麗蘭、麗真三對夫婦義務開車接送情，啓明兄帶來兩瓶紅酒助興分享。惜愛玲未能參與，大家都默默為他祈福，祝早日康復。

2015.11.02

141 「忽悠」何解？

我查了「百度」，得知「忽悠」有兩層意思：

其一是「一種飄忽不定的狀態或心態。」

其二是「利用語言，巧設陷阱引人上勾，叫人上當。」

如對某人表示懷疑，就可以說「你別聽他忽悠你了。」（表示胡說）

如形容某人在公眾面前大言不慚，譁眾取寵，而且有不真實的成分，使希望落空。這是來自北方，尤其是東北的俗語，這第二層意思接著還衍生出「胡說、欺騙」，以至於「吹牛、鼓動」等語義。就可以說「這個人可真能忽悠。」（表示吹牛）

如我們要做某件事情，考慮到很多人有顧慮可能不願意做，我們就可以說「我們去忽悠忽悠他。」（表示鼓動）

網路上的定義：

「忽悠」一詞來自東北方言，國語作唬弄或唬嚨，其字面意思，是讓人陷於一種飄飄忽忽、神志不清、基本喪失判斷力的狀態。日常生活使用時通常解作「坑矇拐騙，誘人上當」或指進行這種欺騙行為的人。「大忽悠」在東北話中也泛指說話不着邊際的吹牛者，或做人不守誠信，經常使用欺詐行為的商人。字義上忽悠較「詐騙」一詞溫和，具有一些調侃玩笑的含義。

忽悠正解的兩層意思：

1、一種飄忽不定的狀態或心態。

2、北方一帶的俗語，在東北尤其流行，忽悠就是利用語言，巧設陷阱引人上勾，叫人上當，使希望落空。地域不同，風俗各異，人的行為舉止也千奇百怪。對於某些人事，都有一種或多種說法，譬如說聊天兒，有叫擺龍門陣的，有叫砍大山的，還有叫拉家常的，更有叫編瞎話的。

忽悠有胡說、謠傳、設圈套、欺騙的意思。如對某人表示懷疑，就可以這樣說：「你別聽他忽悠你了。」以後，忽悠一詞又被賦予了新的含義，有「吹牛、煽動、鼓動」的意思。比如形容某人在公眾面前侃侃而談，譁眾取寵，而且有不真實的成分，就可以說「這個人可真能忽悠」。再後來，就有「勸說、鼓動、慫恿」的意思了，比如我們要做某件事情，考慮到很多人有顧慮可能不願意做，我們就可以說「我們去忽悠忽悠他。」

友人問起「忽悠」一詞，讓我好奇，查了以上資訊，生活中又學會新名詞。總結來說，就是東北話「哄騙」的意思。看懂忽悠，才能不被忽悠。如一些所謂的 EMBA 班，那更是學術忽悠金錢的大本營。

以上分享，願我們一起終身學習。

2015.11.07

142 台北教師分會年度大會

2004 年 2 月份正式加入國際佛光會中華總會台北教師分會，轉眼已 13 年，歷經七任會長，由認識到熟識，成為永遠的朋友，這是難得的因緣。學慧擔任會長邀請我當教師分會第六組組長，一年來許多活動未能全力以赴，有辱使命，內心惶恐，看到諸多佛光會員，任勞任怨，積極熱心參與各項活動，如每月的月例會、每週的讀書會、道場不定期法會、佛光山水陸法會、佛學講座等等，令我十分佩服。因參加教師分會，每年得以團體之便報名，如十多年來，每年都參加全國教師生命教育及佛學夏令營。

國際佛光會台北教師分會 104 年 11 月 8 日會員大會，在佛光山台北道場六樓法雲堂舉行，會中表揚長期推動文化教育的教師義工會員及幹部，會長劉學慧表示，教師佛光會會員以教師為成員，推動教師長期成長學習及參與文化教育之社會活動。我有幸與會，聆聽分會顧問馬西屏教授「貧僧有話要說」心得分享，不愧是名嘴，幽默風趣，內容生動，他說長期以來對台灣社會安定的兩個教，一是軍公教，二是宗教。前者保家衛國、作育英才，後者信仰力量，安定社會，真是肺腑之言，見解獨到。

今天與會教師多達七十餘人，會議行禮如儀，分別由當家知貫法師、妙眾法師及有榮法師為大家開示，上級指導員鴻英督導，講到自己如何一路走進台北道場的奇遇因緣，真的很發心，我們大家都收穫滿滿。大會特別準備兩個大蛋糕為 11 月、12 月壽星慶生，會後大家相邀上 12 樓分享，溫馨洋溢相見歡。總結今天大會圓滿成功。

2015.11.11

143 行住坐臥

佛學上談「行住坐臥皆是禪定」非本文探討內容。歲月不待，感覺年紀漸長，日常生活中行住坐臥最無力，也最無奈之心境，訴諸文字，並與諸大德互勉之：

膝蓋關節走路疼痛～退化性關節炎。

視茫茫老眼昏花～白內障、青光眼或老年眼球黃斑部病變。

耳聾重聽～聽覺障礙。

齒牙動搖～人工植牙、戴假牙。

憶昔韓越〈祭十二郎文〉寫：「吾年未四十，而視茫茫，而髮蒼蒼，而齒牙動搖。」古人沒有現代人幸運，如今眼耳鼻舌等器官，可以依賴科技醫療整型或替換，心臟裝支架、換肝換腎、眼睛裝上水晶體、耳聾有助聽器，都能改善退化器官功能，現代人壽命延長是拜科技之賜。

同學均已邁入七十大關，有部份人看來身心、體力都還好，但有少數人身心顯著老化。未雨綢繆之計，多保養多保健，才能保護視力減弱（少看電視、電腦、手機），少爬山、少上下階梯（住電梯大樓），多做有益身心的戶外活動，可以減緩老化。軍人在野戰部隊經常行軍，過度使用膝蓋，膝蓋軟骨磨損，宜多保養。老年過度肥胖，走路膝蓋吃重，這些都是無形傷害。

「行住坐臥」四個字，生活上看似簡單，當您有無力感時，就是身心機能出現問題，常看到行動不便要坐輪椅、晚上因視力不好不敢出門，臥病在床需要有人照顧，以上病痛會帶來生活的不便，晚年生活平安即是幸福。

2015.11.16

144 秋遊福壽山合歡清境山景

友人在兆豐國際商業銀行退休協進會，應邀參加他們合歡山三日之旅。這是 4 個月前就預約的行程，於 2015 年 11 月 17 日～19 日三天，我們遇到反常的冬天，天氣晴朗炎熱如夏。今簡介如下旅程：

第一天 11／17 上午 11：00 抵達鳩之澤藍寶石溫泉，體會溫泉煮蛋之樂，在溫泉區簡餐後即出發至福壽山農場，20 人座兩部計 40 人，中型車方便上山，趕上 16：00 園區導覽解說，福壽山農場四季變化分明～秋季波斯菊花海、蘋果結實累累，各種品種楓樹，呈現不同變化，解說後對槭楓不同仍不易分辨。今晚住宿福壽山農場，在寂静的山上，享受美麗星空的夜色之美，享榮民優惠價。

第二天 11／18 起個大早，漫步健走於茶園區、蘋果園區，看到蜜蘋果結果飽滿令人垂涎，聽說住宿者認購 60 斤（7500 元）可宅配寄送到家，比市價便宜許多。在門市部挑撿四粒稍大要價 411 元，同事嫌太貴，買不下手。早餐後乘車前往天池觀景，憶 20 幾年前曾來此一遊。回頭參觀梨山文物館及蔣公行館，視野景色美不勝收，群山雲海盡在眼底。上午 09：30 車行兩小時後抵松雪樓，海拔 3150 公尺，室外平均 10～12 度攝氏，因艷陽高照，不覺寒意。

下午我們車抵合歡山腳，20 人登合歡山主峰海拔 3416 公尺，全體興奮歡呼留影紀念。合歡山是台灣最美的角落之一，有諸多景觀台，可觀賞合歡山群峰、奇萊群峰，雄偉壯觀，海藍天空，天氣晴朗，難得看到環山而繞的雲海，蔚為奇觀。下午沿台灣公路最高點～武嶺風光（東南亞最高公路海拔 3275 公尺）抵清境明琴山莊，這是山城裡最浪漫、最美麗的後花園。晚餐是西餐自助餐吧式美食，隔著玻璃觀看夕陽落日，享心曠神怡之情。

第三天 11／19 早餐前輕鬆享受寧靜之美，呼吸清鮮空氣，在高山上看日出，觀山川美景，留下美的回憶。早餐後農場老闆林先生特別為大家園區導覽解說，幽默風趣細說他栽植的各種花卉，如燈籠果、樹番茄、南瓜、佛手瓜、北瓜、香草、香瓜梨，許多花草植物，經他說明，得知有天然療效！他盛情贈送栽植的樹番茄、盆栽，大家收穫滿滿，是一次身心靈最好的饗宴。中午趕到埔里小鯉魚潭，散步遊湖，並於埔里午餐。午後安排前往和菓森林「阿薩姆莊園」，DIY 體驗紅茶特色茶包 DIY，學品茶及鑑定茶，我們談笑之間彷彿年輕許多。16：30 離開莊園北上，傍晚再度來到苗栗蘭庭農莊，享受豐盛客家佳餚，大家讚不絕口。

三天兩夜高海拔之旅，人人玩得盡興，相約另尋景點組團一遊，大家都退休，可以盡情遊樂山水！台灣值得旅遊景點不輸歐美，捨近求遠是時間、金錢上的損失，您同感否？

2015.11.20

145　捷運車廂喜相逢

今天喜相逢！碰到您真是善緣，開啟了美好的一天，感恩！您是健康、樂觀的人，和您在一起，很愉悅，您在散布快樂。

這是樹雲兄與我互連 Line 條碼傳來的信息。承蒙老同學抬愛，答應彼此分享文圖。我知道新聞系同學有群組，但我樂與樹雲兄單線分享。原因是他幽默風趣的文筆，總是讓人捧腹大笑，喜歡將葷素不拘的笑話，如沐春風散播，談笑風生中讓人開懷。

在台北常常在各不同場合邂逅朋友，這豈只是巧合的因緣，今晨在往淡水捷運車廂與老同學相見歡，立即手機互連，我們共同的個性：「**就是讓別人快樂，也不忘娛人娛己**」。他說有些同學仍執著某些堅持，他認為別太認真，不愧是學新聞的。執著會帶來掛礙，而不快樂；隨順因緣才是善緣，會得到喜樂。我們有相同的理念，傳播善知識。

正能量即是人際關係和諧的「付出」包括：讚美、幽默、風趣、微笑、尊重、禮讓、隨和、包容、寬恕、體諒、同情、忠誠、傾聽加上同理心，簡單說是高 EQ 的智慧。這些在許多人身上都擁有，是否捨得付出？其實與個性息息相關。

2015.11.22

146　距離

三、四年級生在小學課本背誦過：「山近月遠覺月小，便道此山大如月，若人有眼大如天，還見山高月更闊。」語出明代哲學家王陽明。六十年前背此文仍記憶猶新，這是眼視距離遠小近大的錯覺。「保持距離以策安全。」一般指行車安全，因車速快易引起追撞車禍，以距離遠近影響視野，及行車安全，引伸到凡人、事、地、物，日常所見，亦可以解讀到生活修養與態度上。

先談視野山景，遠近都有不同的美，一幅畫近看有近的美，太近或太遠都糢糊，甚至看不清楚！人的視線受限距離，但如輔以天文望遠鏡、近視、老花、顯微鏡都可遠看近看，如星球、群山之美。3D 電影要戴上特殊眼鏡才能觀賞立體動作，許多事物因適度的距離產生美感，小如細胞亦能清晰呈現，可見距離影響美感與安全。

人與人的感情亦復如此，有緣千里來相會，無緣對面不相識。有形的接近，如果無心也遙遠，有心的親情愛情，遙遠的距離都不能阻隔。好朋友常相聚，因近距離易起爭執，如打牌、打球、喝酒、歡唱，常常因一句不得體的話，傷了彼此感情。古人云：「君子之交淡如水，小人之交甜如蜜。」這與距離親疏也有關，夫妻天天在一起，應有的禮貌就疏忽，好友常在一起，彼此的客氣就減少。為什麼好朋友往往會變成陌路，都是因為距離太近之故，做事難，做人更難，適度的保持距離，可以減少摩擦，不無道理。

2015.11.27

147　我與部落格

2010.11.30 在好友華陽兄協助下成立健群幽默小品部落格，經 20 天後因個人操作不當，竟然無法使用。無奈下 2010.12.21 又新設立健群歲月行腳部落格，過些時日又意外恢復可以使用，陰錯陽差下我就擁有兩個部落格。平日將所見所聞所思所感小品，登錄健群小品中，以網路好文及個人生活旅遊活動照片分享於健群行腳中。將近五年來，前者有 13 萬人次、後者有 16 萬入次點閱，感謝諸多好友捧場。

有了 blog 之便，我從 2013 年～2014 年兩年中完成 200 篇生活隨筆，每週一篇到兩篇小品文，先 po 於健群小品園地中分享，並趕在 2014 年 9 月出版生平第一本書，計印製 500 本，以復興崗 14 期同學為主要送出對象，加上諸親朋好友，不到幾個月悉數送完！去年九月以「芝山雅舍」為名，持續每週寫二～三篇小品文，截至今天已完成 147 篇，預訂目標 200 篇再出第二本書。退休之後參與許多活動，如登山、歌舞、志工、國內外旅遊、及每日健走等屬動態；寫作、閱讀、看電視、電腦、Line 是屬靜態。自己有分身乏術感，時間總覺不夠使用，行事曆排滿行程，比退休前還忙，所幸都是屬於身心靈愉快，樂活的活動。

我一向鼓勵同學要學會用電腦，使用智慧型手機，終身學習，相互 e-mail、互傳 Line 資訊，掌握最新信息，才能與世界脈動接軌，隨時與親朋好友連絡，心靈不再孤單，動手又動腦，較不易失智。心情愉悅自然不易老化，活得健康更要活得精彩。您說呢？

2015.11.30

148 退休學唱歌

現任台大退休人員聯誼會陳理事長福成先生構想推動下，2014 年正式成立台大退聯會合唱團，每月一、三週（星期四）上午在退聯會辦公室練唱，邀請邱老師淑美小姐為大家教唱，兩年來已連續教唱 32 首歌曲。

四年來我們每年都參加文康會舉行台大校慶活動演出，頗受佳評。最近大家認為我們沒有合唱團的規模條件，故改名為台大退休人員快樂歌唱班，在總幹事志恆小姐的熱心下，分別成立兩個群組，每次提前公布練唱歌曲及時間，適時提醒同仁到校練唱。

從 2015 年 12 月份起我們練唱場地移至台大小巨蛋文康活動中心，這裡有空調、大銀幕、好音響，場地寬敞，參加人數由原來十幾位增至目前 30 位，可見大家都喜好歌唱。每隔週星期四上午有教學時段、有開放自由卡拉 ok 時間，我們除了學新歌，又有卡拉 ok 歡唱，帶來許多的歡樂！凡事有人發起（緣起）很重要，要有熱心人的服務才能（緣續），要有大家共襄盛舉，才能完美。退休之後有機會學唱新歌，是人生快樂美事。

2015.12.05

149　職場上的光環

所謂職場上的光環，是指昔日職場上的頭銜、職位、官階等，諸如軍人晉陞將軍、老師擁有教授身分、曾任學校校長、經歷董事長、政黨主席、理事長、法官、律師、學校（醫院）院長、廠長等，即使已退休，大家仍然口頭上如此尊稱，這是一生榮耀的光環。

軍人晉陞將軍不容易，要在軍旅生涯中犧牲奉獻，奮鬪二、三十年，工作優異，表現傑出始能獲得拔擢；教授要從學士、碩士、博士一路進修，學術上要能精進；許多政黨主席、工商會會長，積一生的努力換來這些頭銜。這些榮譽多數是要受到國家及社會大眾肯定。

同學中不乏獲得博士學位、擁有將軍或教授頭銜，有如此成就，我與有榮焉，在任何聚會場合，不忘介紹某某將軍或某某教授、校長等！各行各業是靠許多的努力與付出，這些頭銜是受到肯定的，看到同學有如此成就，也為他們感到榮耀與高興。

2015.12.11

150　珍惜擁有

晨起在 Line 看到友人傳來兩則正能量小文，如暮鼓晨鐘，讓我警覺歲月不待，應珍惜擁有。摘錄如下：

一天很短，短得來不及擁抱清晨，就已經手握黃昏！一年很短，短得來不及細品初春，就要打點秋霜！一生很短，短得來不及享用美好年華，就已身處遲暮。人生總是經過的太快，領悟的太晚，所以珍惜人生路上的親情、友情、愛情……因為，一旦擦身而過，也許就永不邂逅。所以我認為：「要珍惜我們當下擁有的幸福。」

「生活裡，即使我們遇到傷痛，要懂得，有時並不是真正的傷害，而是提醒我們此時更需要自我反思。

你一腳踩了盛開的鮮花，鮮花留給你腳，是花香；

你一把推開了一扇窗，窗外吹來了一陣清新的芬芳；

你翻過了一座山，山那邊的風景更加迷人；

你越過了一條小河，再看見海洋，會覺得是那麼的寬闊…

每個人的生命匆匆而過，短短數十年，好好享受。

所有的恩恩怨怨，都會讓歲月磨平，

所有受過的傷，所有流過的淚，都讓那海浪統統帶走……

美好的一天，從陽光積極活出人生開始。所以我認為：

「要為自己快樂而活，不要太在意別人的言語。」

人在失去健康，才會珍惜擁有，年紀大了，耳不聰、目不明、齒牙動搖、腿無力，這些老化，因人而異，比較之下為何有人老得慢，有人老得快？我以為年齡不是主要，而是有無重視一路走來的保健養生。養成規律的生活不分老少，這恆心與毅力，對軍人來說容易，習慣領域的觀念是軍人比較健康。我認為：「只要健康，福氣就跟隨您。」

您要幸福要快樂，心情要好，首要健康，從現在身體力行做起。

2015.12.15

151　愉快的餐敘

今天是我們高中同學不定期聚會的日子，慣例在天母sogo地下室鼎泰豐享美食。到場見面的同時，秀菊同學發給人手一冊：「吳豐山一桿進洞慶祝球會手冊。」（封面圖片說明)吳豐山於2015年9月19日在全國球場第11洞打了一桿進洞，獲得賓士車一輛。

用不簡單、不容易、不平凡來形容一桿進洞的神奇，有技術有運氣才能有機會！多少人打了一輩子球，想都不敢想，但有時候還真害怕僥倖一桿進洞，因為拿到幾十萬獎金都不夠請客。我曾在宜蘭球場見證球友昭慶學長，一桿進洞的場景，桿弟現場拿獎金，我們球隊分享贈球邀宴的喜悅，主角有興奮之喜，亦有花錢之苦。球場董事長接獲通報，即刻趕到現場恭賀並發獎金，真是人生難得的榮耀。

今午餐宴到會同學九位，秀菊同學堅持請客，他先生已花百來萬宴請，我們樂於接受他的盛情美意！提起她半年前車禍的經過，我們祝福她已逐漸康復，始能拿拐杖赴會！

同學情可貴，秀菊可是好心有好報（現世報）的見證，撞上他造成腿骨折的年輕人只有 19 歲，分文未向其索賠，自費醫療，住院請看護每天要花 2800 元，一個月辭去看護，前後總共花費六、七十萬。之後他先生高球一桿進洞，獲賓士轎車，說來真是神奇，我們稱許秀菊同學：「仁慈又有愛心」才有福報。

2015.12.17

152　緣分

是一種人與人之間無形的連結，是某種必然存在的相遇的機會和可能。要是人和人在社會網中建立起一種親密的關係，這便是緣分的一種體現，如父子、夫妻、長官、部屬、同鄉、同事、同學之間，便會被認為比一般人要深厚。

所謂緣分，就是在合適的時間緣分天註定，若是有緣，時間空間都不是距離。若是無緣，終日相聚也無法會意。相信緣分！我與你的相識、相聚、相交、相戀並絕非偶然！每一段感情都是有因緣…是人與人之間，人與事，人與物及人與其他存在之間無形的連結，是某種必然存在的相遇的機會和可能。

緣即是事物的相涉關係。緣分指緣的分量輕重，體現在人與人之間的關係深淺，而有緣的體現是在相遇時的具體行動。你我相識皆有緣，面帶笑容結人緣，佈施歡喜種善緣，你對我錯相惜緣。順我逆我消孽緣。生老病死了塵緣，果報好壞皆因緣，慈悲喜捨修佛緣。人生短暫，眨眼即過，生活在有情世間我們要隨緣，不能隨便，我們要順緣，不能攀緣！（以上我見亦摘自維基百科，自由的百科全書及搜狗百科。）

此文所言「緣分」是指男女交往，情投意合，永浴愛河，成為合法夫妻，有緣亦有分，但諸多週遭認識的友人，談起當年初戀情人，因時空條件，加上主客觀人為因素，未能結為連理，事隔數十年想見面，卻要面對生離死別之痛，乃有緣認識卻無緣續緣，終無緣相見，人生一憾。愛恨情仇，有情如是；悲歡離合，因緣如是；問世間情是何物？直教人生死相許，這是愛情的遺憾。相戀的人不能結婚，通稱有緣無分；有些單方面的愛慕，有些是單相思，都是緣未到情已了。另一種是緣已盡情未了，都是情愛無奈之苦。也有夫妻一輩子吵吵鬧鬧，有緣有分卻不快樂？是幾世前的感情債，這輩子要還。

大凡暢銷小說、感人電影，無不以男歡女愛為題，賺人眼淚，古今中外名著如茶花女、羅蜜歐與茱麗葉、牛郎織女七夕會等等這些情愛都以悲劇收場，可見世間情多坎坷，美滿姻緣難得，您以為呢？

2015.12.21

153 憶能力分班

記得就讀麻豆國小五、六年級是民國 46 年的往事，學校實施能力分班，甲乙班升學班，丙班非升學班。上課時間內容有別，升學班每天留校補習至晚上九時才下課，晚餐是家長送來便當。小學即體會升學競爭壓力之苦，畢業能考上好的學校，不僅是個人的榮耀，也是家長最大的安慰。

順利考取麻豆曾文初中，這是一所升學率很高的初中，應該是拜當年實施能力分班之賜，三年計六學期，有六次的調整，按甲、乙、丙、丁成績排序編班，我當年六個學期都編到丙班，可見資質努力都不夠。編到甲、乙班是當年考上台南師範及台南一中、二中及台南女中保證班，可見能力分班是激勵學生努力讀書的佳法，家長也贊同配合！我們青少年都在升學壓力下成長，考上高中升到高二，即採甲丙組考理工科，乙組是文科分班，為大專聯考及早選擇，為升學考試，每天早出晚歸，埋首於學業，憶當年讀書苦多於樂。

日前學生家長有錢送讀私立學校，有良好的師資及學習環境，教育有差別。就讀明星學校，一路考上好大學，家長不必太操心，一般學生就讀公立學校，起跑道上及各方面都有差。但步入社會後與學校成績好壞，並無太大相關。

我們住台北高中同學提起當年往事，雖然初高中的功課都是中下，在社會工作亦有傑出表現，可見讀書讀得好否？與事業成就非直接關聯。印證高 IQ 還要有好 EQ 才能成就大事業，有人比喻高 IQ 高 EQ 事業一帆風順；高 EQ 低 IQ 貴人相助；高 IQ 低 EQ 孤芳自賞；低 IQ 低 EQ 一事無成！

所談高與低只是比較下，沒有絕對標準，在職場上我認為 EQ 比 IQ 重要，而如今大家都從職場退休，體會到一個人能成就大事業，做人處事能力比聰明才智要重要。古人云：「小時了了，大未必佳。」在職場上可見證也。

2015.12.26

154　紀念性的合照

憶民國 84 年在台大服務，總教官是年 5 月份軍職外調輔導會，我提議全體主任教官與總教官合影留念，留下一張珍貴照片，是年八月有三位主任教官同時報退，我與農學院教官同仁合照。經過 20 年後，我將這兩張照片提供分享，大家不勝感懷！歲月不待人，我們回首看到 20 年前的自己，感觸很深。照片可以留下當年的容顏，卻留不住年華老去的青春歲月。

職場的調動升遷，送舊迎新，總不免俗贈送紀念品，宴請聚餐，能與同仁照張相，是值得讓大家回憶。職務上憶及與長官同事是短暫的相處，能成為永遠的朋友，豈不是人生過程中的因緣，應值得懷念。除了照個相，又經濟又實惠的禮是送本好書、提個詞、簽個名留下日期。幾十年後重翻此書，睹物思人，比任何紀念品都有意義。

現在最懷舊的照片是求學過程的畢業照，小學、初、高中最珍貴。因為可以看到當年很年輕的自己。

2015.12.29

155 人人都會被愛

有人的地方就有愛,「上帝因為無法親自照顧每一個人,所以創造了母親。」母不嫌子醜,子亦不嫌母醜,這是親情至愛。情人眼裡出西施,這是男女情愛,有愛的地方,充滿快樂幸福,可見愛的力量無限寬廣。

俗話說:再醜的人都有人愛,上帝是公平對待每一個人!君不見醜男配上美女,醜女愛上帥哥,比比皆是。不在外表美醜,而是彼此心儀內心的美,或某些才華,或另類財富。之故,天生麗質與相貌平庸者,最終都能找到歸宿。

釋迦牟尼佛謂人生八苦之一,是「恩愛別離苦」,所愛的父母親人、長輩至親、妻兒子女,有一天都會離開您。生離死別之痛的宿命,人人遲早都要面對,至愛止息是傷痛。問世間情是何物,直教人生死相許。男女情愛尤是。

2016.01.04

156 被 Line 擺烏龍

手機 Line 出現通知，要重新輸入電子信箱及密碼，才能點閱。不疑有他，照指示操作後，卻將原先好友名單及群族資料全消失。所幸很快由通信錄電話陸續加入，許多友人也傳來關愛信息，換手機了嗎？怎麼了？我只好以不小心重新設定，再請他們重新加入連結！小小的錯誤，帶來困擾，願此文可茲借鏡。

最近因雅虎與谷歌網路問題，在 E-mail、FB、Line 常出現要你重新輸入個人信箱與密碼，以防別人侵入，為保護個資外洩，只好輸密驗證。因輸入錯誤往往要重新更改密碼，發生錯誤是常有，尤其對於我們不諳手機操作的人，造成困擾，一則中換英、英換中又換阿拉伯數字，手指頭切換不靈光，沒有年輕人靈巧，懶得操作下，求助子女卻拉不下臉，相信這是我們這把年紀者共同心聲。

如果使用 Line 成習，有一天失去手機，以「六神無主」形容不為過。因為資訊全無，除了在電腦前，否則友人傳的信息、臉書、伊媚兒都斷訊！有人開玩笑，大家停止使用 Line 一天，是否可以忍受一天的不便，想來片刻的離手都痛苦。好友一比：資訊是人類 21 世紀的鴉片煙，真不為過。至今我仍很佩服不使用智慧型手機的現代人。

2016.01.07 寫於失去資訊有感

157 遠在天邊近在眼前

失聯半世紀的同學，兩年前成立士林初中同學會上喜相逢！說來不可思議，兩個人在復興崗共同生活了三年都沒發現，鄭同學讀影劇系，後來轉學文化大學。蔡同學讀新聞系，同一個大隊不同中隊，居然事隔五十六年後才得以相認。

更難得的是民國 48 年蔡同學的一張菲律賓回國勞軍團團員陳素蘭小姐的素描像，一直掛在鄭同學客廳一角。他能珍惜一張畫像的友情是珍貴的。初中同學會促成並拉近兩度同學情，好似天方夜譚，而事實上是真有其人其事。我認識這兩位同學，徵求兩人同意下，寫下此文。

復興崗畢業的革命情感是歷久彌新，先期學長、後期學弟即使不認識，同校的情誼就是同根同源，在各種活動場合，學長學弟永遠是一家人！今年元月六日，參加母校 64 週年校慶，與一位身高 173 公分的四年級學妹合影，竟是 105 年班今年應屆畢業生，整整小我 48 年，真的是大了近半世紀，可以賣個老，這是題外話。

2016.01.13

158　有朋來自芮城

山西芮城有我們共同的朋友，這般因緣是源自於「鳳梅人」刊物牽線。福成師弟與焦智先生以文會友，雖兩岸相隔卻成為莫逆之交，促成 2010 年 10 底中國山西芮城三人行及 2011 年 9 月金秋六人行。兩次山西行我都參與，才有幸認識焦智兄四位兄弟。誠如福成兄說：「劉焦智是山西芮城一個有使命感的文化人。」

第一次到芮城停留 9 天，第二次經河南鄭州到山西前後有 12 天。距今已是三、四年前的往事，可是我們接受到劉家兄弟熱忱招待，歷歷在目。當得悉智强兄帶團來台環島旅遊八天，就想安排一聚，奈何環島行程緊湊，只能在離台前一晚見個面。

大陸導遊特別交代，送他們禮物不可太重、太大、佔空間，糕點產品他們都已購買，我們四人約見台北火車站，要搭火車到基隆，再轉往萬里仙境溫泉會館。福成兄代表選購禮物，他賣關子說：很輕便、有紀念價值、很實惠，我得知什麼禮物後，加上一項，男人每天要帶身上！台客兄、俊歌兩位都未猜着，公佈答案：「皮夾子」。印有台灣大學字樣，很有紀念性吧。因趕晚上八點前往萬里，只好借助小黃，晚上回台北也依賴小黃，花些錢可節省許多時間又方便，這是我們的共識。久違智强兄，彼此相見歡並留影。　　　　2016.01.20

159 緣起易緣續難

緣起易；係指讀書時有機會認識許多學長、同學或學弟，職場上遇到無數長官、同仁、同事，雖是短短幾年的相聚，大部分畢業或離職後就難聚首，只有少數能成為莫逆之交，終生好友，能緣續者誠是少數。

軍校四年建立的革命情感例外，因團體生活，朝夕相處，同甘苦共患難，加上有同學會的組織，選出幹部，辦活動，彼此有聯誼、有關懷，同學情容易維繫。退休後參加許多社團活動及學習，認識新朋友，有感緣起易，卻難緣續，如社大同學、舞蹈班同學，往往因課程學習的結束而不易相見，除非有熱心人士的安排連絡，拉近情誼一線牽，始能相見，此乃緣續難。

有幾種緣是不易割捨的，如親情、愛情、師生情、長官部屬情、同學情、同鄉情等，因為懷舊情，有朝一日又有機會相聚。常見許多學生回憶當年老師，師生數十年之後又重逢見面的喜悅！更可貴的是宗教團體，經常定期、不定期的聚會，拉近教友的情誼，緣續易。

以上所談是有感緣續是受到許多人為與時空條件限制下，但只要有心相見就能緣續。

2016.01.27

160 自勉互勉語

自己的笑容是否真誠與快樂,只有自己的心最清楚明白。

不去對他人的笑容做解讀，也不必對別人的言語太在意，更不必事事與人比較或計較，這才不會與人爭執，這才是對自己與他人的包容。在每一個時刻裡，真摯地去對自己與他人，這是一種幸福。

一切煩惱的根本是貪、嗔、痴，它們會毒害人的身命和慧命，此乃有情眾生的宿命，如能從修心養性做起，必能舒緩壓力，減少煩惱。用捨棄逆轉困境，用堅韌實現快樂與幸福。

改變從心開始，人的行為會影響到自我的精神狀態，進而決定我們生活與人生走向。若能改變自己的行為，便能改變我們的心情，進而化解生活中各種困擾，實現自我的人生幸福與夢想。

處事能圓融，凡事過與不及都不好，能合乎中庸之道，當別人喜歡評您是非、論您對錯，代表您某方面遭人妒嫉，您更要低調，儘量做到老二哲學，否則是非不斷，閒言閒語都會指向您。

快樂，是一輩子的學習。人人追求快樂，可是快樂比任何學問都難。佛陀釋迦牟尼佛教人要離苦得樂。快樂是終生要學習的，任何宗教都可以讓您身心安頓，但快樂不是來自物質短暫的享受，而是要提昇精神心靈的層面，較能長久，非一般人可及。

固執、執著的人比較不快樂，也不受別人歡迎，從善如流、隨緣自在，人人喜愛，但往往成為別人口中的爛好人。

生活中對現實不滿、常發牢騷、口有怨言、喜挑剔、好批評的人，內心是不快樂；反而心懷感恩、身做好事、口說好話、心存好心的人，能樂觀看待人生。

引用網路正向、負面人生的念波是不同的。

憎恨心、傲慢心、冷淡心、憤怒心、不安暴躁心、奪取心、猜疑心、憂愁心、固執心、偏狹心、恐怖心、利己心、忘恩心、卑視心、悲傷心、不平不滿心，負面的思想是招來不幸的念波，例如：疾病、貧窮、混亂、不幸…

愛心、尊敬心、深切心、赦免心、和平心、施捨心、信仰心、明朗心、自在心、寬恕心、勇往向前心、無我心、報恩心、虔誠心、歡喜心、感謝心，正面的思想是招來幸福的念波，例如：和平、安祥、健康、幸福…

2016.02.01 內心有感

161　勞碌命苦命

形容勞碌命者，一生為事業打拚、為工作馬不停蹄忙碌，到有一天終老為止，舉凡有家族大企業的王永慶、張榮發等財團負責人，他們基於使命感、責任感，必須堅守這份志業，這些人屬勞碌命；而苦命的人，是一天不工作、不上班，則三餐不繼，如一些靠勞力賺錢者、打零工者。前者為事業，後者為生活。

大企業家極端的忙碌，不停的工作，屬於有福報之人，因為多少人仰賴他們才能養家活口，誠如鴻海集團總裁郭台銘，台灣積體電路製造股份有限公司董事長張忠謀，廣達集團的創辦人兼總裁林百里等企業名人，他們為了事業版圖，驅使著一生勞碌，除非他們提早退休交棒，否則他們都心甘情願，樂於工作到終老。政治人物如蔣中正、蔣經國，都是為國家鞠躬盡瘁，死而後已。以上列舉是典型勞碌命者。經常看到拾荒老人，上了年紀的婦人在市場叫賣，這些人大多數是為生計奔忙，這是典型的苦命之人。

生活所見，還有許多醫生從早看診到晚，三餐無法正常，為工作犧牲奉獻，為病患疲於勞累，也為賺錢失去休閒生活。補習班老師，從早上課到晚，兼了許多課，鈔票誘使勞碌。另一些生意人為賺錢，從早到晚忙忙碌碌，為客戶喝酒應酬到深夜。許多家庭主婦，為家付出辛勞，無怨無悔勞碌一生。以上是為賺錢、為家勞碌一生的代表。

我認為最好的人生不是勞碌命，也不是苦命，而是介於兩者之間的中庸人生。請大家思考您認知價值的人生。

2016.02.04

162　新春拜年聯想

2016 年初一接到幾通拜年電話，那是幾年前最好的拜年方式。如今資訊網路進步下，以 Line、wechat、Fb 或簡訊取代下更為便捷，早期忙寄賀卡拜年亦成追憶。

話說回來，如今尚有親自登門造訪者，如達官貴人，官場文化的相互拜年，部屬對長官、晚輩對尊長、學生對老師，除拜年還要送禮，這是中國文化的潛規則，可以營造更好的人際關係。其次電話拜年可以連絡感情，久不相見可以聊談近況。等而次之才是以 Line、wechat 互傳祝福，表達問候請安，無遠弗屆的便捷。

電子傳訊，缺乏那份感情，究竟是方便而不實惠，如能修書表達情意，那才珍貴！好有一比，以電腦儲存照片，比不上洗存照片來得實際。電子書報比不上版書取閱方便，所以照片、版書都有它的不可取代性，相簿、書籍儲存佔空間，但隨時可方便取閱，利弊得失好壞都是相對性，端看您認知，不必强求別人跟您一樣。之故，能隨緣自在，才是最喜悅的人生。

2016.02.08

163　健走之樂

五期學長和國兄寄來兩篇刊登曉園文章，「沒事多走路每日一萬步」、「勇登富士山攻頂成功」，拜讀之後我很佩服他的恆心與毅力，因這十年來他已分別榮獲 IVV 國際市民體育聯盟護照，累積 100 公里及 500 公里獎章。而今他已 80 之齡，每週打三場高爾夫球。

健走可以說是我終身運動，退休 21 年來每天很少間斷，風雨無阻，即使出國旅遊亦不例外。利用晨起在飯店附近，走路觀光沒缺席。目前因住家地緣之便，雨農國小、芝山環山步道、雙溪河濱公園，幾乎成了我喜愛步行好去處！週末假日在操場，平日在芝山公園步道，冬天溫和陽光下，走在雙溪河濱公園，享受旁有潺潺溪水，鷺鷥、八哥、喜鵲、麻雀，有時可看到結伴飛行的台灣藍鵲，很美的景物，賞心悅目，帶來好心情，也是我一天中，獨思獨處之樂。

除夕春節，很難有的清閒，走在雨農國小操場跑道（採 PU.PP 等高品質合成橡膠），可避免運動傷害，以每分鐘 120 步的步伐前進，感覺是步履輕快，這是幾十年來腳力訓練的成果吧。

「**沒事多走路，多走路沒事。**」及「**每日一萬步，健康有保固，沒事多走路，絕對有好處。**」願與好友共勉之。

2016.02.10

164　危機處理

人類從古至今，承受不同時期，不同災難的危機，若以「危機四伏」來形容也不為過。氣候變化下的天災，如水災、火災、旱災、加上遠古時期洪水猛獸，中國歷朝歷代的人禍，貪官污吏，改朝換代，無休止的爭戰，國與國的交戰，還有世紀黑死病，傳染病等。都帶來人類無數傷亡累累。

二月六月清晨南台灣遇上 6.4 級的地震。連日來打開電視機，看到傷亡慘重的報導，不忍看到死傷人數與日俱增，不捨許多家人親友生離死別，都是無常天災帶來的苦痛！尤其在春節前夕，多少人不能過個好年，連帶許多官員、救災人員、善心宗教團體、國軍弟兄，日以繼夜，一起投入救災行列。來自海內外各界的慈善捐款，然物資上、精神上都已難彌補損失！如今各級單位正追究刑責，雖亡羊補牢也無法挽回許多人失去寶貴的生命！

人類靠智慧改善生活，如今天氣預測可以預知颱風、沙塵暴、龍捲風，豪雨、天候異象。唯地震很難預測，多少地震災難是從海嘯引起，有些是火山爆發，有些是地殼斷層引起下陷，天災難防，傷害必然。

台灣是寶島，四季如春，唯海島氣候夏季多颱，屬地震斷層地帶，天災難防！我們只能未雨綢繆，自求多福，適時做好危機處理準備，讓傷害降至最低。

2016.02.11

165　普世價值

一早看到好友傳來早安的祝福，人生最奢侈的擁有：

1、一個自由的心態
2、一份喜歡的工作
3、一安穩的睡眠
4、一份享受生活的美好心情

以上所列，我認同是普世價值，當您逐條檢驗自己，您可能發現日常生活中不難做到，除第三項是屬於生理健康，餘一、四項是屬於心態上。昔日擔任教職，談「思想與人生」。我喜歡談人生最快樂的五個面向，是我個人認知價值，至今仍身體力行，願提供友人參考指正。

1、規律的身心運動
2、美滿的家庭生活
3、勝任愉快的工作
4、良好的人際關係
5、不匱乏的經濟生活

如今退休可將第三條改為喜歡的學習、運動、消遣、與娛樂。多少人退休後在家當宅男，足不出戶，影響家人情緒，也失去健康娛樂。

我認識許多長官、同學、友人退休後，反而比上班時更忙。忙參加社團活動，如同鄉會、老人會、同學會、宗教信仰；參加許多運動，如登山、健行、打球、旅遊；參加許多學習，如唱歌、跳舞、繪畫、奕棋、打牌等！讓自己享受快樂，高興做喜歡的事。一份享受生活的美好心情，這些我都做到了。

最近同學會春節團拜，大家見面最關心話題就是注意健康，才能活得快樂自在。此乃退休第一要務，共勉之！

2016.02.18

166　兼聽則明

唐太宗的名臣魏徵說：「兼聽則明，偏聽則暗。是故人君兼聽廣納，則貴臣不得空蔽，下情得以上通。」身為國家領導人、各政府部會首長、軍中各階層幹部、公司董事長、總經理、學校校長都應牢記這段古人名言。

生活中常見：道聽塗說、以訛傳訛、信口雌黃等不實的信息，尤其牽涉到人的隱私及名譽！每逢政治人物選舉或官員出任要職，總有一些不實的謠言，人身攻擊，惡意醜化、污衊譭謗，這就是偏聽之蔽。古人說要多方聽取意見，才能明辨是非對錯，若只聽一方意見，則以偏概全，容易矇蔽不明，一般人常犯此錯而不自知。

這幾年網路資訊便捷，人手一機，每天有看不完的信息，體會到古人說：「盡信書不如無書」的道理！舉例說有太多的飲食，談如何養生保健，讓您迷惑而無所適從。許多資訊端看您智慧的判斷做取捨。我們確定是離不開網路世代的現代人，要有被網路霸凌的免疫力：「選擇您要與不要的決定權。」

2016.02.20

167　愛惜擁有

前文我感嘆提到，這幾年網路資訊便捷，人手一機，每天有看不完的信息，我們確定是離不開網路世代的現代人，要具有不被網路霸凌的免疫力：「要與不要的選擇決定權操之於己。」友人回應：「為視力保健，已擺脫網路束縛，僅保留少數親友，互道平安祝福。傳來資訊幾乎不閱，已經獲得不被網路霸凌的免疫力。」我很認同。

據我所知，許多歐美國家，很少像我們國人每天至少花二小時以上當低頭族。反觀國人，在任何時地，看到的場景是低頭滑手機！如今見怪是不滑手機的極少數人。感嘆的是年齡漸長，身體器官老化退化，耳不聰目不明，最常見者如視力衰退、兩腿無力、重聽之苦，為延遲老化，當務之急是保健身體。專家建議少看電腦、少看電視、少滑手機是對視力最好的維護。避免上下爬階梯，爬山是對雙膝最少的傷害，身體最要緊的莫非是兩腿能走，視力好，平時做好保養，則免於其苦。

人生的無常是，隨時會失去心愛的親人、愛人、友人，生老病死是宿命，生住異滅、成住壞空是萬事萬物的定律。無常變易是正常，因緣果報終有時。放下執著，看破生死，則心愛的人，有一天突然離開您，是生離或死別，要以平常心淡定之！傷痛一時，惆悵必然，就當它緣已盡情也了。能把握享受當下的擁有，何苦哀傷有一天生命的失去？生是偶然，死是必然。

2016.02.21 元宵節前夕

168 述書有感之一

書與人生是息息相關，一生離不開它。從小到大，從幼到老，有形的學校教育學習，無形的社會職場需求，都離不開它。書是求學升學進修的工具，離開學校後，書成為謀職考試的必備工具，退休之後書成為消遣娛樂的好伴侶。

讀書取功名，從古至今皆然，才有「書中自有黃金屋，書中自有顏如玉」、「萬般皆下品，唯有讀書高」古訓。然今天時代進步，科技整合產物電子書漸漸取代版書，無異是出版業大革命，電子書報可以方便取閱，又何必花錢去購買？

本文不談書的功能價值，僅談買書、贈書、借書心態。您不難發現，買來的書不容易整本看完，友人贈書亦然。反而是從圖書館或友人借來的書容易讀完，這種心態是普遍性的，因自己的書隨時可以取閱，典型依賴心態，而將書束之高閣，友人贈書亦然！

昔日買書總不免俗，從每月暢銷排行榜挑選，這是趕時髦，好勝心加上愛面子心態，就怕別人問起哪本書看了沒？如今退休之後享受自由逍遙，看什麼書亦自在，只要高興又何必在乎別人怎麼說！

2016.02.25

169　述書有感之二

前文談買書、贈書、借書心態，本文談我寫書因緣，及友人贈書有感，就當茶餘飯後趣譚。

友人福成兄每年出書好幾本，十幾年來，著作等身，目前已超過百本，激發我寫作動機。話說六年前，好同學協助下成立部落格，正好可以藉此發表文章，兩年累積兩百篇短文，出版「所見所思所聞所感」～健群小品一書，此舉非我過往人生規畫，可謂無心插柳柳成蔭吧！之後每週寫兩篇「芝山雅舍」小品，年來完成近 170 篇，期待今年可出版我第二本書，兩年可完成一本書是我未來心願。

友人贈書以長官的自傳、畫冊集、著作等居多，值得介紹的是有兩本很有份量的書，其一是 94 年友人送我一本「秘戲圖大觀」特註明本書嚴禁公開展示銷售，僅供學術研究暨藝術家典藏，全書近六百頁，彩色銅版紙印製，售價一萬二千元，重達五公斤。其二是最近由中華戰略學會理事長王文燮著「中國抗日戰爭真相」增修版上、下兩冊，於上月贈送健康長壽早餐會員人手一份，兩冊淨重 3 公斤。

堂兄新富校長送世界名歌民謠 60 曲（四冊）、諸多友人送畫冊，同學楊浩兄送我一本集郵冊集，都很有份量且具紀念價值！家中書櫃已堆滿藏書，偶而翻閱，記載何年何月何日何人所贈，或買於何地？售價都有記載，睹書憶往，一樂也！

2016.02.26

170　生滅本然（一）

人有生老病死是無常，物有生住異滅是變易，事有成住壞空是自然。換言之，宇宙萬物有一天都成空，這就是定律。所謂「無常」、「變易」、「本然」都是自然，瞭解這是因果，看待生死、得失、有無就能釋懷。

生離死別、悲歡離合、愛恨情仇、緣起緣滅等，都隨著時空變換而淡定！一時的離苦都是短暫傷痛，有智慧的人是煩惱起，心憂慮不常住。說雖容易，是內心的修為，聖賢則易，眾凡人難。此乃境由心轉而非心隨境轉。生活有太多的煩憂，如何活得愉悅，才能離苦得樂。

人生苦短是數十寒暑，有人活得樂觀自在，有人活在悲觀痛苦。快樂是一天，痛苦也是一天，聰明的人是要選擇歡笑，而捨棄悲愁。這是七十以後歲月，人生應有的態度，願與好友共勉！

2016.02.29

171　生滅本然（二）

緣起緣滅是萬物必然，但見緣生喜緣滅憂。人生七情六慾使然，見親友離去，見花木凋零，與生俱來的一些感傷，觸景傷情，人之常情。

健走於芝山環山步道，春有花草生命之美，但見大葉榕樹葉，片片金黃飄落。落葉離枝結束生命，有淒涼的美。大葉榕高數丈，每株生長期先後稍有不同，早落葉早萌芽，不同場景呈現。有幾株才見落葉，有幾棵已然發芽，是生命的過程，讓我們有春意盎然的喜悅。

花開花落是生命的週期，就如人從少到老，生命延續必凋零！帝王將相、富貴貧賤，歲月公平對待，有生有滅，宇宙萬物皆然！珍惜有限生命，樂活當下，尤其是退休之後，遲暮之年，落日餘暉生命更美。

2016.04.13

172 獻上祝福

半年前同學告知，兒子結婚請我當證婚人，聽完他的理由，當下就義不容辭應允。其一，復興崗四年同學，平時常有互動；其二與他夫人是麻豆國小同學（民國 45、46 年），達一甲子。這種因緣真是難得。

討價還價說好只講三分鐘，經驗告訴我，婚宴上冗長的講話沒幾個人聽。開場白講如何擔任證婚人的因緣，簡單介紹新郎新娘之後，不免俗給這對新人提出勉勵：

一、相互尊重，互相包容：多欣賞對方優點，要包容彼此缺點。

二、不要想改變對方生活習慣：婚前兩人從小在不同環境成長，婚後不易改變，兩人可以試著配合調整。

三、避免爭執，要先認錯：少講一句話，一個銅板不響的道理。

四、培養共同興趣：可以經常一起同樂，如爬山踏青、打球、歡唱、旅遊等。

以上雖是老生常譚，卻是知易行難，俗話說「十世修得同船渡，百世修得共枕眠。」夫妻是三千年修來的福，今後結為連理要珍惜。今天大家見證這對新人，祝福他們永結同心，恩愛一生。 2016.03.05 於青青餐廳

173 享受孤獨

每天晨起與傍晚，獨自健走，享受孤獨，身心自在，思緒安住。此時海濶天空，啓發靈感，每週二至三篇小品，能捕捉生活所感，要歸獨處之功。

孤獨是一種福氣，獨樂雖不如眾樂，但前者可獨思，後者不能自主！學會獨處要耐得住寂寞，進入孤獨領域，享受心靈深處的那份美好。因為在大城市裡，缺少鄉間那份自在的清静，偶而旅遊住宿名勝山景，才能體會閒情逸緻的優雅，如武陵農場、福壽山農場、清境農場。

寂寞和孤獨不一樣。沒有人願意寂寞，沒有人認為寂寞有一種正面價值。寂寞常常是和他人有關。你被孤立起來，或是被大家排擠、拋棄，所以感到寂寞。孤獨是卓越心靈的力量，孤獨是生命的本質。要懂得經營自己，學會和自己相處的能力，你可以做自己最好的朋友。即使獨自一人，你心仍有歸屬，面對滿天星辰，你擁抱浩翰宇宙的豐盈圓滿，打坐禪修是最好的獨思。

寂寞是指心靈上、身體上孤單無所依靠，孤獨則是飽滿的，深深體會迴然有別！現在的人很難有獨處，心是往外，之故心隨境轉，當你的幸福與快樂，不在別人的眼神中，而在自己的手心裡，即是境由心轉，不易也！許多音樂家、藝術家、哲學家、科學家都是享受孤獨中成就志業。

2016.03.07

174　稀飯情節

早餐喜愛稀飯小菜，是緣起從小養成習慣。復興崗學生四年，早餐亦如是，年輕養成習慣，卻成了一輩子的最愛。早餐有稀飯可吃，成了我的最愛，畢業分發部隊，豆漿取代稀飯，開始很不習慣。四年後回母校擔任隊職，又可以天天與學生共進稀飯早餐，這是我與稀飯結下的緣分。

回到家中，早期早餐是土司牛奶，退休後改以麥片佐餐，二十餘年來如一日。家裡不煮稀飯，我當然沒機會吃，倒是參加每月一次早餐會，於天成飯店可享 Buffet 美食，我必取大碗稀飯大快朵頤，一個月吃一次也是享受。我留意早餐與年齡有明顯的關聯。上班族年輕人吃麥當勞可樂或吐司麵包，速食取用方便，中老年人則喜吃燒餅油條喝豆漿或稀飯。這些可能都是受到年齡及環境影響的關係！

養生書中提及早餐要吃好（像皇帝），中餐要吃飽，晚餐要吃少。但傳統習慣卻是晚餐全家人吃得好！飲食習慣不易改，國人出國旅遊，導遊一定安排每天有一中餐，就是擔心有人不習慣，可見飲食成習有偏好這是人之常情。

2016.03.11

175　同學情深

同學情誼逾甲子，我們是來自麻豆曾文中學高中同學，距民國 53 年畢業至今已逾 53 年，其中有八位初、高中同學，有三位是小學至高中同學，大家住台北，三不五時聚會，年逾七十更加珍惜這份友情。

今天有九位同學參加聚會，在天母 SOGO 鼎泰豐享美食，三個月聚餐乙次，話題離不開學生時代的生活！談子女，談退休生活的種種，如今公認健康最重要。所幸大家都很康健，一位同學透露，他植牙 22 顆，花費 170 多萬元，尚有三顆待植中，全口牙要價兩百萬，令人咋舌。在經濟許可下，他倆夫婦年前曾至阿拉斯加自助旅行，租借越野吉普車，花了近百萬元。今天力邀大家參加環球三個多月旅遊，看來他們是真正享受退休樂活的達人。

一位博士退休同學，為社區鄰居麵包店提供建言，規劃人力，減少開銷，轉虧為盈！自己擔任義工，享受助人為樂之趣，另一位同學與親家輪流到台北照顧孫子，含飴弄孫，樂在其中。

同學是永遠的好友，哪怕是時間久遠，亦是歷久彌新。小學懵懂最純真，初中好玩較調皮，高中升學壓力下，大家用功讀書，讀大學正值年輕浪漫，談情說愛，留下最美回憶！我們同學中有三位軍人，其一海軍官校、其二國防部幹訓班、我是政戰學校，大家都升到了上校退休。退休後我又到社大進修，結識一些同學，沒有利害關係，成為一輩子朋友。

我常說同學最可貴，那麼多不同階段的同學，只有少數有來往，這是同學情緣深。

2016.03.15

176 行善積德

古人認為修橋築路是積陰德，我認為必有福報，福運長久。之故，昔日許多善心人士，有錢出錢，有力出力，此舉看似容易，卻要有愛心、熱心才能力行。現代修橋築路是政府的公共事務，您想做公益善事，捐錢財、捐物資最實惠。

日前在芝山岩見到一位王先生，他正整理桂花樹，好奇詢問，是他親自移栽，每天提水澆灑，有愛心經常探視，已存活，約有八十公分高，正飄著桂花香。

已九十高齡的他，外表看似七十左右，個高苗條不嫌老。他身體硬朗是來自每天有恆的勞動，其一，每天清晨在雨農國小快步健走 15 圈，數十年如一日，其二，在芝山岩週邊美化環境。他帶領我從北隘門上石階，約 20 公尺處，看到修補塌陷的地方，撿拾大石頭填補，並以水泥補強，花了近十年才完成，使用沙土及水泥是每天抬上去，全是自己勞力體力。

拿掃帚清潔步道，每天如是，不以為苦，無形中練就好身體，這是他勤勞的福報。

好奇詢問其身世，生於民國 16 年，來台在陸戰隊擔任通信業務及駕訓班集訓，後來在單位擔任駕駛，開交通車上下班，工作勤務輕鬆安定。早年大陸一位命相師告訴他，遠在天邊有一女子在等他，來台結婚生子，命運安排有三子，都如命相師所言，之故，很相信命運的安排。

他五十歲從軍中退休，在大南客運服務十年，如今退休三十年，生活無憂，每天勞動做善事，從他身上看到福德，健康快樂默默行善。

2016.03.19

177　流逝歲月

憶民國 57 年軍校畢業，轉眼至今我們 14 期同學畢業已 48 年，感嘆流逝歲月。猶記得民國 71 年，在母校擔任學生營長，一期大學長畢業 30 週年紀念大會上，訓導處長要我代表在校師生致詞，那是 34 年前往事，不堪回首憶當年。

日前台北同學七十餘人，搭乘高鐵南下，參加 14 期同學會在高雄舉辦春之遊港活動。午後與花東暨南部同學會合，見到多年未見的老同學，體會「歲不我與」「歲月如梭」的心情！感歎光陰流逝，53 年前的年輕小伙子，53 年後大家都已是七十幾歲老者，歲月改變容顏、體態，卻改變不了大夥見面的初心（年輕的心）！同樣住在台灣，因東西南北之距，竟然難得見上一面，令人感嘆！

網路上這段話值得深思：退休的人，從現在開始要重新開機，學習就「人」的角度，平安喜樂地享受退休後的日子，該思考的是如何讓自己活得自由、活得自在。一昧地省吃儉用勞碌度日，到頭來在一片怨嘆聲中辭世，想一想，這樣的人生是您想要的嗎？六、七十歲後要想成為真正的玩家；生活可以過得有趣而豐富，可以做的事太多了，這才會讓您的人生永不感到厭倦。

健康第一！絕不累積疲勞！人過了六十歲，如同駕著破舊老車行駛在高速公路上長距離奔馳，絶對不可勉强。其次；現代人擁有太多用不到也享受不到的東西，卻還是拚命地想去追求想擁有，當您擁有一個東西，其實您就失去兩個自由。一個是被物質捆綁的自由，一個是面臨被金錢支配的自由。所以現在您所追求的是活得輕鬆、活得自由，要的是內心真正的平安喜樂。與好友共勉！

2016.03.25

178　無福消受

常看到在 Buffet 享受大量美食的年輕人，我們除了羨慕外，確實有「無福消受」的感慨。憶當年入伍生活，每人食量驚人，在消耗體能訓練情況下，需要補充大量熱量及卡洛里，也許是年輕的生理需求吧！如今回憶似乎不敢想像當年的大胃口。

飲食與健康有密切關係，古人說：「能吃就是福」很有道理，能吃喝拉撒睡才是健康，上了年紀之後，有三高、有糖尿病、有慢性病者，醫生忠告不可抽煙、不能喝酒，少塩少糖，為了身心健康，只好戒掉一生的嗜好，之故，上了六、七十歲，能吃能喝就是福氣，聽說老天很公平，每人一生該擁有多少錢、吃多少米糧、喝多少酒、抽多少菸、享多少福報？都有限額，不可浪費或提早耗盡。

看到一些人不到五十歲，健康出現問題，好吃好喝都被限量，不無道理。我一輩子沒抽過煙，聞煙味都頭疼，或許上輩子抽太多煙吧！我如此自嘲安慰。

在喜宴中，看到能大吃大喝的友人，基本上是很健康的，一些能喝酒的我由衷佩服，我常說：人不能勉强的兩件事，體力與酒力，因為生病的人是沒資格談，體力廣義說：包括活力、勞動力及性能力，言及於此不難理解，年紀越大，相對體力就差，老化自然也，不必怨嘆、不必沮喪，順其自然。

2016.03.27

179　無不散筵席

天下沒有不解散的筵席。指團聚是相對的，終究要分離。人的一生從小及長，歷經多少不同時空下，因緣際會，認識許多朋友，長久的深交，感情較濃，短暫的交往，感情較淡，能結交一生的朋友是謂知己，原先志趣相投的朋友，可能隨著興趣的轉移而淡化，諸如打牌、打球、爬山、歌舞、聚餐等志同道合朋友，不常見面，情就漸淡，但是朋友，應彼此尊重、體諒、包容與珍惜。

最近感受很深，因無常變化是正常，有一天親情、友情、愛情變淡，亦視之如常，莊子山木篇提到「君子之交淡若水，小人之交甘若醴。」甜如蜜、淡如水是無常變易！人的一生在不同環境、不同職場、不同年齡，會認識同屬性志同道合的朋友。如十多年來，分別在天母長青大學、東湖活動中心及中山市場等地學舞，結識許多同學，因中斷學習後，大家不容易再見，友誼終不易長長久久，這是時空條件轉換下，因緣際會的常態，我們可以理解釋懷。

來時歡迎，去時相送，這是星雲大師常說的話，人生來去是正常，事物成住壞空是本然，生物生老病死是必然，這是因果定律。佛教常以緣起緣滅探討生死本源，我們也要認知有一天，朋友感情濃淡是當然，物換星移，春去秋來，寒來暑往，四時行焉，自古皆然。世間的陰晴圓缺、生離死別、愛恨情仇、悲歡離合、兒女情長，都要以平常心看待，有一天朋友往來漸行漸遠的疏離，亦是如此。

2016.03.29

180　長壽多辱？

孔子所言：長壽多辱。「辱」就是失去了尊嚴。優雅地老去，那是文化的境界；體面地老去，那是物化的支撐。二者的內涵太講究了，還是心平氣和、從容地老去吧！如果夠幸運我們都是未來的老人、中老人、老老人我們都希望得到別人的尊重與疼惜。我們也都希望活得健健康康快快樂樂。長壽的前題是能自理，是少麻煩他人。

台灣面臨人口老化世代，從高齡化（aging）國家到高齡（aged）國家的 2017 年（老年人口占總人口 14%），期間只有 24 年；再到超高齡（老年人口占總人口 21%）（superaged）國家的 2025 年，期間只有 8 年，並推估，2050 年臺灣將有超過三分之一是老年人口（35%）。相較於歐美國家自高齡化社會至高齡社會費時 50 至 100 年，臺灣人口老化速度相當迅速。因此，如何因應老化社會所帶來的變遷與挑戰，是眾人憂心的議題。1982 年，聯合國首次在維也納召開的老化問題世界大會中，提出了五大原則，鼓勵各國協助老年人過獨立、參與、受照顧、自我充實與尊嚴的生活。而歐盟亦提出因應老化社會基本原則為：終身學習、致力維持健康、就業延長、較晚退休，退休後仍充滿活力。

我們見證台灣高齡化社會現象，八、九十歲不顯老態，六、七十歲仍身心健康，這是生活安定、全民健保帶來的社會福利。但社會上，面臨少子化的經濟負擔。香港大學周永新教授（2000）卻針對老化社會所影響的資源再分配，提出了一些澄清：老人人口增多，一般多認為將對社會資源造成壓力，原因是老人沒有生產能力，只有儲蓄或享有退休金，是社會資源的消耗者，不會再為社會帶來財富。

然而，以上觀念其實是錯的。首先，每一個人都是資源的消耗者，從出生那天開始，他便使用地球上的資源。對絕大多數人來說，他一生中製造的資源，應可足夠他從出生那天，到死亡那天的使用，甚至有剩餘，否則人類社會不會有進步，生活水平也不會不斷提高。換言之，就是老人消耗資源，也只是使用他過去生產的，不應是社會的負擔或問題。

隨著人口的老化，生產和消耗的程序也出現了變化。現代社會的特徵，是年壽越來越長，生產力也隨著科技的發展，不斷的提升。除生活得到改善外，也多可有剩餘以應付老年時的需要。社會保險、年金制度、退休金制度，正是把一個人工作時的剩餘資源累積而來，作為年老時的生活的保障。這些因應老化社會的政策，只是把現有生產者的過剩資源，給予已屆退休年齡的人士使用。不過，在哲理上，仍是個人使用自己過去累積的資源，大家不必杞人憂天。

要如何做列到長壽而不受辱，個人認為基本上要做到如下：

1、身心健康，生活作息不依賴他人。

2、經濟自給，不靠子女或他人負擔。

3、終身學習，參與各項社團展現活力。

4、心情愉悅，不給家人及社會帶來負擔。

如能做到以上所述，您將成為受人尊敬的老人，哪來長壽多辱？

2016.04.02

181 愛的抱抱

西方禮節，見面擁抱，男女一樣，親親臉頰，來個愛的抱抱。東方人比較保守，通常只有長輩對晚輩行之，傳統儒家思想的習慣是「男女授受不親。」，可喜現象，近幾十年來，社會風氣開放，年輕世代已經習以為常，見面及分別時，不忘來個抱抱，我感覺很好、很溫馨。

久未見面的朋友，來個愛的擁抱，拉近彼此距離，同性不排斥，異性尤受歡迎！老一輩不習慣，年輕一代習以為常，樂見帶動風氣。男女擁抱起舞，認為跳舞讓男女過於接近，易生情愛，有可能日久生情，但不能以偏概全。要知道「友誼帶來的快樂，可說是全世界最不需要花錢的東西。」「友誼不是名詞，而是動詞」，仍需要付出一項成本：投入的時間和努力，才能開枝散葉。

我很贊成愛的擁抱，先決條件是彼此熟識，老同學、老同事、老朋友，久不見面，感受那份心的溫暖與熱情，但要有男女不逾越的分寸。誰說過：「人與人之間最近的距離，就是愛的擁抱。」是親情、是友情還是男歡女愛？感覺必不同吧！

2016.04.04

182　天若有情

唐代詩人李賀（公元 790-816 年）在他的「金銅仙人辭漢歌」這首詩中，有一句「天若有情天亦老」，許多文人雅士以此為上聯，直至宋朝詩人石延年（公元 994-1041 年）歷經二百年，才對出「月如無恨月常圓」，從此「天若有情天亦老，月如無恨月常圓」成為千古名對。今天在福報春秋雜談欄讀到「天若有情天亦老」一文，興起對古詩及現代詩的感想。

古詩分五言律詩及七言律詩，五言絕句，簡稱五絕是出現於漢朝，成熟於唐代的一種近體詩。四句，每句五個字…押韻上，第二、四句一定要押韻，第三句一定不可押韻，第一句則可押可不押…，七言絕句…平起式兩種：1、平起平收，首句押韻，2、平起仄收，首句不押韻，仄起式兩種：1、仄起平收，首句押韻，2、仄起仄收，首句不押韻…非本文探討，古詩難寫在此，非一般人為之。

現代詩（1）白話詩：就語言的使用而言，相對於文言文，而以白話為主要表達工具。（2）新詩：相對於舊詩而言，新詩打破一切舊傳統的桎梏。（3）現代詩：就時代與精神而言，相對於古典詩。（參考谷歌網訊）

人因多情多苦，天是大地，是大自然，人有了情愛就不免有糾葛和傷痛，天是超越人間的情愛，不會有愛恨情仇，故天不老。月有陰晴圓缺，此事古難全，眾人皆知。月如無恨月長圓，望月的思鄉情愁，是人的遐思。此句對照天若有情天亦老，標準七言詩對聯。我不懂古詩，更不會寫現代新詩，不懂詩詞之美，懵懂陶醉其間，好有一比，不懂抽象畫，雅賞亦一樂。

2016.04.05

183　前攝行爲

多年前在網路文章讀到「前攝行為」這則故事，近年來在 Line 又紛傳，讓更多人領會：「**遭遇困境時，反過來控制局面，而不被局面所牽制。**」這句話如能運用在生活週遭，是正向思考能量的勉語。記得一次旅遊中，同學好意用我相機拍照，於盥洗室遺失，他愧疚不已，我在遊覽車上講述此則故事安慰他，不要介意，舊的不去，新的不來，很快我換了新相機。以下摘錄此故事分享共勉。

一對夫婦在婚後十一年生了一個男孩，夫妻恩愛，男孩自然是二人的寶。男孩兩歲的某一天早晨，丈夫出門上班之際，看到桌上有一瓶打開蓋子的藥水,不過，因為趕時間，他只大聲告訴妻子記得把藥瓶收好，然後就關上門，上班去了。妻子在廚房裡忙得團團轉，卻忘了丈夫的叮囑。男孩拿起藥瓶，被藥水的顏色所吸引，覺得好奇，於是一口氣都給喝光了。

藥水成份劑量很高，即使成人也只能服用少量。由於男孩服藥過量，雖然及時送到醫院，但仍舊回天乏術。

妻子被突如其來的意外嚇呆了，不知如何面對丈夫。更害怕丈夫的責難。焦急的父親趕到醫院，得知噩耗非常傷心，看兒子的屍體，望了妻子一眼，然後說了四個字。作者讓讀者猜猜，這丈夫說了四個甚麼字？答案是：I love you darling！作者說：這種反應稱之為 Proactive 的行為，前攝即反過來控制局面而不被局面所牽制，作者讚揚丈夫是人際關係的天才，因為兒子的死亡已成事實，再多的責罵也不能改變現況，只會惹來更多的傷心，而且不只自己失去兒子，妻子也同樣失去了兒子。

所謂「前攝行為」即是：遭遇困境時，反過來控制局面，而不被局面所牽制。這則故事，主要的是在彰顯人類有能力選擇「自我層次」。面對一件不幸的事件，你可以大發雷霆，怨天尤人，甚至責難一干人等，但事情卻不會因這些而有絲毫改變。不幸的是，它只會伴著你往後的生活，負著疤痕的活下去。相反的，如果能放下怨恨和懼怕，換一個角度看事情，勇敢的活下來，可能事情的境況原來並不如想像中那麼糟，這就是作者所要闡釋的 Proactive Behavior（前攝行為）佛家也常說：「由內心來轉變境界，而不是讓身外的境界影響內心的清淨與智慧」很簡短的故事，但是能夠體會其中的道理，而且又能夠在真實的生活中實踐，有多少人能做得到呢？

當我看到那句「I love you darling」的時候，心中感慨萬千，多麼簡單的一句話。但要有多久的修練、多大的包容、多深的人生智慧，才能在那種時刻，說出如此令人動容的一句話。其實，個人在遭逢不幸的事件時，如果不能選擇最適當的方式去面對，又怎麼能面對未來以及週邊的人、事、物呢？在生活中，不妨養成：「能有，很好；沒有，也沒關係」的想法，便能轉苦為樂，便會比較自在了。而，遭逢一切事：「面對它、接受它、處理它、放下它」。

在報紙、在電視媒體，每天報導受害人內心的不滿，如殺人犯未判死刑，交通事故肇事者要還回死者生命，造成人禍公務員沒責任嗎？這些不平的心態都無法喚回逝去的親人，何不學學故事中男主角，放下怨恨和責難。寬恕是不容易，放下怨恨，讓心裡平靜就容易。

2016.04.08

184 喝酒藝術

今天是今年第一次參加台大登山健行，目標樟山寺（254m 高）。08：00 在政大校門口集合，由恒光橋走老泉街 45 巷，接山麓步道，有大馬路環山而上，有台階直接而上。里程 10Km，來回徒步兩小時，返程由樟山步道下山，是捷徑但對膝關節較吃力。多虧平日每天健走，體力腳力尚能勝任。走路聊天可增加知識，別人的經驗更可貴，下文就談本題。

在登山徒步中遇到許多登山好友，與陳教授聊起喝酒文化，他是農化系教授，告訴我喝酒不易醉的秘訣，酒前先吃少許麵條，麵條在胃中膨漲易吸收酒精，不易醉，此其一。乾杯是急酒，烈酒易醉，如何降低強度，增加容量，才是不醉要領，要乾杯的酒延緩喝完，不失禮數，就是他所言，延緩酒精下肚時間，舒緩分解吸收，此其二。

他們在參加大陸學術研討的宴席中，喝酒略勝一籌，大陸學者無不讚賞。我曾為文喝酒的小哲理，多喝少喝，不是少喝多喝。前者意指一杯酒，分好幾次喝完，喝得慢，後者是一杯酒一口就喝完，喝得急。都喝等量，但結果不同。

談酒量，與遺傳、年齡及後天工作環境有關，有人喜歡喝，有人滴酒不沾，不談好壞。適當的場合，適度的應對是禮貌，宴會無酒不成席，有人無酒不歡，因酒可助興，何況酒逢知己千杯少，中國人喝酒文化是勸人喝酒表現誠意，不勝酒力者易醉。**喝酒自以為了不起的人，下場往往是起不了**。喝酒藝術是能喝不被識破，讓人高深莫測，才是高段。

2016.04.11

185 石墻倒塌

日本熊本城石墻倒塌，本月 14 日晚 6.5 級强震，超過 400 年歷史的著名景點不能倖免於禍，證明「成、住、壞、空」的無常定律。有「牢不可破」的石墻「倒武者」都會倒塌，天然災害地震的威力可見。

這兩天媒體報導此次震災，死傷人數陸續增加，天災意外不可測，16 日清晨在熊本城再度發生 7.3 主震，其威力相當於 56 顆原子彈，如同阪神大地震，已造成 29 死及千人受困，台灣旅客 45 團有 1323 人滯留在熊本，至今傳出災情是：2500 年歷史古蹟阿蘇神社已倒塌，阿蘇大橋斷裂。

世界各地在翻轉，防災避難成為當今應變危機處理的課題。每天世界各地傳出災難，如戰爭、空難、車禍等意外，隨時發生。應驗達賴喇嘛的名言：「誰知道意外與明天何者先來？」

台灣、日本、東南亞國家有颱風地震天災，美國有龍捲風、颶風危害，世界各地有氣候變遷的寒害、酷暑，都會造成人畜的傷亡。佛曰：「人生是苦海」，精神與物質不能滿足需求是也。天災不可避，人禍的戰爭又何能倖免？我們台灣安定逾一甲子，何其有幸，我們應知福惜福！

2016.04.16

186 參加閱讀法座會

此文是閱讀星雲大師〈貧僧有話要說〉31 說：我的自學過程心得

個人有幸第二次參加星雲大師〈貧僧有話要說〉閱讀法座會，與會者多達 400 多位，參加者皆台北佛光山各分會代表，以 12 人一組，每人分三次交換組別。有引言人主持研討，有紀錄，每次以貧僧有話要說之一為主題，大家發言熱烈。每組遴選一人心得一篇，我是其中之一。

「我的自學過程」一文，讓我們認識大師一生之中，未曾進過有形的正規教育，但生性有一個「自我教育」的性格，也就是「自覺」。覺察到自己需要學習做人、做事，才能成為有用之人。從小拾糞換錢人生就是學習；精忠岳傳成為啓蒙書籍；忍耐苦難增上緣易成功；禮拜觀音明白般若智慧；投稿文詩給予自己鼓勵；自覺覺他成就事理圓融。這些道理全是自覺學習，是生活中頓悟學之。

歷史上乃至當今，有許多大思想家、大科學家、大文豪、大詩人等，從未受過正規教育，仍能成就其「大」，並不難理解。佛教史上的六祖惠能大師，不僅沒讀過書，還不識字，但是中國歷史上所有經典中，唯一是出家人的作品，正是《六祖壇經》，流傳千古。前行政院副院長王雲五先生，他沒有任何學校畢業文憑，甚至沒小學畢業學歷，他在履歷表上的學歷欄是「識字」，他發明了四角號碼中文字典檢字法，到現在還被廣泛使用，可見大師講「自覺」，就是覺悟到自己不足，才更要自我學習，此一例。

然而成大器者，除自己努力外，也要有名師指點。他自學孔子的教學，所謂「學而時習之，不亦悅乎？」自覺是佛陀的「自覺、覺他，覺行圓滿」。原來大師的名師是佛陀和孔子。身為佛光山皈依弟子，生活言行，當以大師為借鏡。

2016.04.20

187　人生大智

晨起好友傳來一文，觸動靈感，引用文中對聯，上聯：「**若不撇開終是苦。**」下聯：「**各自捺住即成名。**」橫批：「**撇捺人生。**」「若」字的撇如果不撇出去就是「苦」字；「各」字的捺筆只有收得住才是「名」字；一撇一捺即「人」字。真有深度！

凡世間之事，撇開一些利益糾結就不苦了；看方寸之間，能按捺住情緒才是人生大智。

人生不外離苦得樂，求功名富貴，一生倍極辛苦，一切待老才悟。五、六十歲以前的人生，追求功名利祿；五、六十歲以後的人生追求健康快樂。先決條件無生活後顧之憂，要有足夠的老本，是退休前要努力追求的。但許多事看不透，捨不得，輸不起，放不下。卻是陽生的無奈，執著的人生是也。之故才有「智慧不起煩惱。」

經營好心情，你就擁有了生活的全部。生命，每個人只有一次，或長或短，生活，每個人都在繼續，或悲或歡；人生，每個人都在旅途，或起或伏。何須太在乎眼前得與失？我喜歡這段話，豁達、開朗、正向、樂觀、陽光的人生，自能喜樂，這是大智。

2016.04.23 與好友共勉

188　傳 Line 之我見

晨起看到友人昨晚傳來晚安及今晨問早的信息，我禮貌上要回覆，卻要花了大半小時，最近友人多次陸續傳來：微軟公司強烈建議：請不要再傳「早安」、「晚安」或「節慶」之類的圖片、影片。因為駭客已經利用設計完美影片、圖片，暗藏再釣魚程式，讓大家轉傳，竊取個資…

如果，您想給親朋好友問安，請自己打字或自己設計圖案，並把朋友名字寫上再傳，以保護自己及朋友喔！不知信息是真是假，讓我有感寫此文。

幾位好友每天自製問早道好文圖，溫馨親切，我除了轉傳分享還放在部落格留存，許多風景圖案、勵志格言、幽默笑話令人捧腹！，但基於個資安全，以後亦不轉傳，敬請好友多多體諒。以下提供個人淺見，對信息分享應有的禮數。

一、傳 **Line** 應重質不重量，要過濾篩選之後，值得分享再轉傳。

二、要視需求而傳，而非人人可傳，品味不一，男女有別。

三、友人傳來信息，已閱最好有回應，能三言兩語感言最好。

四、今後以好文分享取代問候，每天只傳一、兩文。

以上說明，將減少我許多上傳，增加我點閱，因人人重質就不必選擇，篇篇精彩，您以為然否？

2016.04.25

189 友情情愛

父母、兄弟、姊妹、子女的親情，夫妻的愛情，朋友、同學、同事的友情，常聚情就濃，反之情就淡。遠親不如近鄰，見面三分情即是。情誼是一輩子，師生、長官、部屬是過渡的，能建立友誼才是永久的。其間彼此交情深淺，端看互動。

親情是血緣，割捨不斷，愛情友情有聚有散，天下無不散筵席正是。常參加活動，友誼能互動，共同嗜好如打牌、打球、登山、歌舞、旅遊有益身心活動。定期或不定期聚餐，感情才能深化！之故，我常參與 Line 上的群組有數十個，友誼靠此互動聯誼。擔任好多聚會的召集人，熱心就樂忙。

退休二十餘年，正因參加許多的學習、活動，歲月不留白，亦不知老。常與年輕人一起心就年輕。我很尊敬年長者，老吾老以及人之老，感覺老人就是我的榜樣，許多年輕人鄙視年老者，我告誡他們，您能否活到他們歲數尚未必？參加許多活動年長者多數，跟他們學養生、學經驗，老年人能走出來，必能健康！快樂！且長壽。

2016.04.28

190　音樂交流

談兩岸文化交流容易，因同宗同源，有共同生活習俗、語言文字、宗教信仰，兩岸開放探親已近卅年，人民互動觀光旅遊頻繁，拉近人民民族情感，兩岸和平统一是時機問題。在文化交流上最明顯的是音樂、藝術與宗教。

之故，形容宗教、藝術、音樂、手語、微笑無國界不為過，您到卡拉 OK 歡唱，可以聽到許多大陸歌曲，透過音樂，沒有隔閡，透過藝術，國畫同源，透過信仰，儒釋道一家，兩岸同根同種，體現生活中。歡唱可以分享許多好聽的歌曲，國台語老歌、西洋歌曲、日本歌都有人唱，能歌能舞大有人在，分享好歌、聽唱都快樂，如多年前流行至今的：我真的好想您、近年來的夢相思、夢醉西樓、紅塵情歌、我的快樂就是想你、朋友別哭等等。

喜談笑風生必樂活，喜旅遊運動必健康，喜歌舞歡唱必法喜，我見證以上愛好者，人人都健康長壽，其中之一的您，是否有同感？

2016.05.02

191　生活情趣

生活情趣是人類精神生活上一種追求，對生命之樂的一種認知，一種審美，一種感覺，是心理上的自我實現充實及滿足。能培養多元化生活情趣的人，必具多才多藝，廣結善緣。

每個人都有自己的生活情趣。因不同的家族背景、家庭環境、學校教育、社會教育、生活習慣、個性取向，培養出不同層面的興趣。如讀書、寫作、繪畫、奕棋、垂釣、泡茶、喝咖啡、打坐、禪修等，屬於靜態休閒生活；歌舞、爬山、旅遊、打球、游泳、賞花、賞鳥、國術、瑜珈等，屬於動態體能活動。有靜有動的身心活動才是健康的人生。

二十一世紀人類資訊多元，生活情趣面臨挑戰。如今人人離不開網路手機，一味向外追求聲光娛樂，生活情趣必受其影響，迷失了自己而不知。自我省思，每天要花多少時間在電腦桌前，才驚覺每天戶外健走運動的重要。多元化培養生活情趣，對退休者尤其重要，因為有更多時間，要調劑您身心的平衡。

2016.05.05

192 貴人恩人

有能力有願力，奉獻、給予、幫忙的人，是有福之人。人在最需要時，您能適時伸手幫助，是精神上的撫慰，或物資上的補助，您就是他的貴人。付出是指有形的物資錢財勞力，無形的精神提振鼓勵。人的一生從小及長受教求學的老師；謀事的長官部屬同仁，都可能成了您的貴人；對您打擊的人，也可能是激發您上進努力的動力，逆向思考，他們都是您當時的貴人。

一友人念念不忘他的恩人，憶當年在職場上，因工作上的需要，經常與長官共進出，或參加會議、同車上下班，因而遭受同仁指責誤會！這位長官適時帶他轉換環境，度過生命低潮，從此工作順遂，順利服務教職榮退。如今每見這位長官，他將恩人掛在嘴上，念茲在茲，我說恩人即是貴人。

其實貴人經常是會出現在您的身邊，朋友通常是，討厭的人或是仇人亦可能是！一般是工作上的因緣相處，只要能常保持和諧，這些同仁無形中就可能成為您生命中的貴人，因您的和睦相處已帶來果報。不輕易得罪人，看來是鄉愿或濫好人，其實已建立良好的人脈。如一句好話就能成就一件好事，一句無心的批評，就可能誤其好事。

朋友往往是貴人，但有時候亦是成了傷害您最多的人。無心的話語，成了閒言閒語。我領會到做人平庸才能自保，鋒芒太露常遭妒，人緣太好亦是。願人人能成為友人中的貴人。生活所感與好友共勉！

2016.05.08

193 多元智能理論之一「語言、文字」

多元智能理論（theory of Multiple Intelligences，MI），是美國哈佛大學迦納教授（Howard Gardener）於一九八三所提出一九九五年增訂，主張人至少具有語文、邏輯數學、空間、肢體、音樂、人際、內省、自然觀察等八大智能，反應出現實生活中人類智能的多樣性及複雜性。（谷歌網）

語言與文字是天生的智慧，語言是口才表達，文字是寫作創作，兩者兼備有之。有些人，口才佳，辯才無礙，但文字表達能力稍差；有些人，文字表達很好，但語言表達能力有礙。有學問但語言表達欠佳者，從事寫書、著作或研究，語言表達力好，多半從事演講、主持節目或教職，可見美中有不足。天生智慧靠遺傳加上後天學習訓練啟發之，語言表達文字寫作兩者均如是。天份多半是基因遺傳及家庭環境，如父親習醫子女多半從醫，藝術家庭長大，子女亦多半從事音樂或美術，究其原因，耳濡目染下，與遺傳及環境息息相關，傳統社會多半如此。然今日多元化社會裡，子女雖有遺傳資質，但興趣使然，未必發揮其天份。

綜觀作家、記者、教師、名政論家等都具備語言文字表達天份，從小可看大，可見語言文字多半是有潛能天份，勤能補拙，但努力是有限的，我們觀察的結果是天生的才華，重於後天的努力。下圖將八大智慧圖解分享，我將逐一提出個人淺見，站在教育立場，對學生要因材施教，值得參考。

2016.05.13

八大智慧

在迦納博士的理論中，每個人天生就賦予了《八大智慧》，只是每個人的天生的強度各有不同，再加上後天的發展，所呈現出來的成就，也就各有不同。這八大智慧將以焦如下所示：

	行為特徵	工作屬性
人際智慧	能適切地辨別他人的情緒、性情、動機和意向	政治領袖、教師、顧問、公關人員
內省智慧	能了解自身的感受與情緒，並清楚自己的人生目標	諮商師、心理醫師、小說家、宗教家
語文智慧	善於語言，能利用文字或語言來表達自己的思想	作家、詩人、記者、翻譯家
音樂智慧	善於欣賞節奏、音調、音色，並用聲音的形式來表達情感	作曲家、聲樂家、演奏家、調音師
視覺空間智慧	能正確察覺視覺空間，並能重新創造視覺空間的能力	建築師、藝術家、空間規劃師

邏輯數學智慧	善於處理一長串推理，邏輯思考，事物之關聯性	數學家、工程師、科學家、會計師、辯論家
肢體動覺智慧	較佳的平衡感與動作操控，靈巧處理事物的能力	演員、外科醫師、舞蹈家、樂器家、工藝家、運動員
自然觀察者智慧	對周遭環境有獨特的觀察和理解，對自然生物有豐富的認知與分類能力	自然生態學家、植物學家、動物學家、海洋學家、園藝家、農人

多元智慧

迦納博士所提出的《八大智慧》理論，確實改變了世人對孩子的價值觀。因為在傳統的學習中，語文和數學是所有學習的重心，父母及老師們很少用心去發掘孩子的其他潛能，其根本原因，是缺乏方法和理論基礎來確認孩子的潛能。如今，迦納博士所提出的理論，強調《多元智慧》(Multi-Intelligence)的學習，不但開啟了孩子的內在潛能，也教導父母及老師們如何幫助孩子發掘本身的潛能，使得孩子在多元化的社會下，具有更佳的競爭力。

194 多元智能理論之二「人際智慧」

> 人際關係是指社會人群中因交往而構成的相互依存和相互聯繫的社會關係，又稱為社交、人緣，屬於社會學的範疇，也被稱為「人際交往」，包括朋友關係、同學關係、師生關係、僱傭關係、戰友關係、同事及領導與被領導關係等。（維基百科，自由的百科全書）

人際關係成為當今社會中，人與人之間溝通的橋樑，成功的企業家，必有良好的人際關係，當今學歷是銅牌，能力是銀牌，人脈是金牌，可見人際關係的重要。根據研究，人際關係亦是潛能的智慧，因為它亦是先天遺傳基因之一。西洋人從血型、星座看個性，東方人從五行、生辰八字、紫微斗數看個性，可見人際智慧是與生俱來的，但此智慧靠後天環境學習是可以增強。

人緣好的人可以成為別人的貴人，無形中助人又助己，它是可以累積正向能量，儲蓄自己豐富的人脈銀行。你發現子女的個性遺傳父母，有些是可以改變，變好變壞是後天的環境學習，人際智慧是一例，許多政治人物、學者、專家都有其家庭背景，其實離不開人際關係（智慧）。

以上淺談人際關係的重要及學習，然人際智慧重在適切地辨別他人的情緒、性情、動機，能察言觀色，對長官（輩）同事、朋友、晚輩（下屬），在選擇判斷人、事、物上都能明智抉擇，以同理心來用人，適才、適所、適用，都是人際智慧，一個隨和（隨緣）、豁達、開朗的人，必受到人人喜愛，反之堅持己見、固執、好辯、自以為是、驕傲者，必定沒有人緣，人際智慧是一輩子要多加學習的。

2016.05.14

195 多元智能理論之三「視覺空間智慧」

智力測驗中含括三項課題，其一、測驗詞彙語意詮釋能力（國文）；其二、簡易數學計算能力（數理）；其三、圖形推理變化能力（方向）。這是四十幾年前我參加智力測驗的印象。當年圖形積木方塊，測試其共有屬性或排列組合是我最弱，亦是我最大天敵，只因缺少視覺空間智慧，俗稱沒有方向感。

我肯定視覺空間智慧，大半來自先天遺傳，家中姊弟妹，唯大弟方向感最好，姊妹加上我都有嚴重路痴。走過的路，反方向走回就迷路。生活周遭認識許多人很會識路，但有些朋友也犯嚴重的路痴。印象最深刻是，數年前到山西，下榻平遥古城，翌日一早與友人散步古城，沿途照相記路，走上一小時按原路往回走，卻迷失方向。所幸帶有飯店名片，一路詢問才返回，兩個都是路痴，友人還比我嚴重。

還有次從德國機場已出境，因候機時間尚早，為享 VIP 美食又入境貴賓室，卻不允許從原路線返回，海關人員要我重新排隊出境，差點誤了返國班機。我平時到陌生地方，總不敢獨行，就怕迷路。可見方向感是天生的智慧，很佩服內人不會開車，卻很會識路，走過地方很清楚，有視覺空間智慧。

視覺空間智慧是可以靠後天學習，但進步空間有限。空間智能的基本概念來源於心理學，它主要指形象思維的智能，具有在複雜環境下準確感覺視覺空間的能力，並且能把所知覺到的表現出來，對色彩、線條、形狀、形式和空間關係很敏感，有辨別空間方位的能力。適合從事建築師、藝術工作、空間設計、室內外景觀設計師。

本文僅就視覺、距離、空間及方向感，提出個人粗淺看法，不知認同否？

2016.05.15

196 多元智能理論之四「音樂智慧」

卡拉 ok 在國內流行至今至少二、三十年，提供大家平日休閒娛樂好去處，還讓許多人可以展現歌喉，除可舒解工作壓力，專家並肯定唱歌可以促進身心健康。有了練唱平台，在卡拉 ok 造就了許多歌王歌后，證明唱歌可以透過練習而進步，至目前卡拉 ok 仍然林立街頭，高朋滿座，生意興隆，是國內另類不衰的行業。

這裡所談音樂智慧（musical intelligence）：是指察覺、辨別、改變和表達音樂的能力；這項智慧包括對節奏、音調、旋律或音色的敏感性。歌手、指揮、作曲家、樂隊成員、音樂評論家、調琴師等是特別需要音樂智慧的幾種職業。他們通常有很好的歌喉，能輕易辨別出音調準不準，對節奏很敏感，常常一面工作，一面聽（或哼唱）音樂，會彈奏樂器，一首新歌只要聽過幾次，就可以很準確的把它唱出來。「雅虎網路註解」。

基於以上詮釋，不難瞭解，其實音樂智慧是有天份的，有些人唱歌是沒有音感，五音不全，學習困難，但有些人有音感，學唱新歌易如反掌，彈唱自如，這是有音樂細胞的天份。人要有自知之明，瞭解自己有沒有唱歌的天分很重要，學音樂要有才華，俗話說遺傳基因「音樂智慧」。除唱歌，各種樂器的學習靠天份。自己可檢測在音樂上，適合哪種領域。廣義來說整體音樂包括聲樂、作曲、作詞等加上各種樂器的演吹奏，非人人可以透過學習而成為音樂人。當您羨慕友人歌唱得好，因為音樂智慧人人有等差，您自我評分當可了然。

2016.05.17

197　多元智能理論之五「肢體動覺智慧」

肢體動覺（Bodily/Kinesthetic）按字義上說是：運用整個身體來表達想法和感覺，以及運用雙手靈巧地生產或改造事物的能力。這類人很難長時間坐著不動，喜歡動手建造東西，喜歡戶外活動，與人談話時常用手勢或其他肢體語言。他們學習時是透過身體感覺來思考。這種智慧通常有較佳的平衡感與動作操控，靈巧處理事物的能力。適合從事：演員、外科醫師、舞蹈家、樂器家、工藝等肢體活動工作，我形容他們有優於別人的運動能力。（部分參考網路解讀）

運動技巧有天分潛能，以球類來說，網球、羽球、乒乓球、高爾夫球、籃排球、棒球等相關球類運動，有人學得快，又打得好，但有人，因反應慢，學來吃力，這與每人體能、高矮、胖瘦都有關。餘如登山越野、游泳、馬拉松長跑等劇烈運動，要靠體力、耐力，說來非人人所能，這就是肢體動覺智慧的等差，天生我材要發揮長項。學舞學藝都是肢體平衡，還要手腦並用，有人笨手笨腳就不能擔任演藝工作。想學必事倍功半。

舉例說學體育者，因某項球技高超而出類拔萃，如我國棒球選手王建民、旅美籃球高手林書豪，他們在美國風靡，揚名全世界，非一般人努力所及，這是肢體動覺的智慧，從小能及早發現多元智能八項中任何一項潛能，是當今為人父母及教育者首要關切，因人才能及早培訓，更能成就事半功倍之效。

2016.05.18

198　多元智能理論之六「邏輯數學智慧」

從事與數字有關工作的人特別需要這種有效運用數字和推理的智能。他們學習時靠推理來進行思考，喜歡提出問題並執行實驗以尋求答案，尋找事物的規律及邏輯順序，對科學的新發展有興趣。即使他人的言談及行為也成了他們尋找邏輯缺陷的好地方，對可被測量、歸類、分析的事物比較容易接受。以上是（網路詮釋）。

具此智慧者通常善於處理一連串推理，Logic 思考及相關事物之關聯性，他們可能成為數學家、工程師、科學家、會計師、辯論家。

往昔大學聯考，高二開始分組，乙組文科除了興趣，大部分是數理較不好者。其中甲組為理、工類，丙組為醫藥、動植物類，新增的丁組包括法、商類。以高中生矇懂之年，選擇分組只好避開較弱的學科，我初高中數學不好，沒有邏輯數學細胞，與理工無缘，我對數據觀念差，至今不善理財，一組電話號碼聽來即忘，手機號碼更難記住，簡易數學加減乘除都缺概念！軍事院校聯招只能考乙組，與數學無緣才能與復興崗結緣，說來是奇緣。進入復興崗，沒有數理亦沒有微積分，常調侃形容幹校「不學無術」不是沒有原因。

邏輯數學智慧是人人有別，有人數理是强項，有人視若天敵，能列入八大智能理論，個人認知與遺傳有關，Albert 愛迪生先生呢，大概就是屬於這類的，還有那些偉大的科學家，也都是屬於這方面的，他們的智慧是毫無做作的自然天成，屬於高 IQ 者。

2016.05.19

199 多元智能理論之七「內省智慧」

> 內省智慧（intrapersonal intelligence）：是指有自知之明藉此做出適當行為的能力；這項智慧包括對自己有相當瞭解，意識到自己的內在情緒、意向、動機、脾氣和欲求以及自律自知和自尊的能力。內省智慧强的人通常能夠維持寫日記或睡前反省的習慣；常試圖由各種的回饋管道中瞭解自己的優缺點；經常靜思以規劃自己的人生目標、喜歡獨處，他們適合從事的職業有心理輔導、神職人員等。（維基百科，自由的百科全書）。

這類人對人的臉部表情、聲音和動作較具敏感性，能察覺並區分他人的情緒、意向、動機及感覺。他們比較喜歡參與團體性質的活動，較願意找別人幫忙或教人如何做事，在人群中才感到舒服自在。他們通常是團體中的領導者，靠他人的回饋來思考。

「吾日三省吾身」，這是一句孔子的名言。遵循這句古訓對自己的思想言行及時反省，可以達到察得失，而明事理。當我們外觀批評別人時，相對就缺少內觀自我反省，我很佩服宗教的每天祈福禱告、懺悔及静坐禪修，這都是啟發潛能，內觀自省的良機。如台大故傅斯年校長名言：「一天只有 21 小時，其餘 3 小時思考反省。」傅鐘敲 21 響的由來。

內省可以頓悟，這是激發內在潛能的智慧，常見禪宗公案，有人棒喝、摔跤而開悟，這當然非人人可及，但潛能開悟的智慧是因緣條件要俱足。我覺得：「**歡樂易迷失，獨處易省悟，忙碌無暇思。**」單純的人，能了解自身的感受與情緒，並清楚自己的人生目標，易開啟內省而頓悟。您認同乎？

2016.05.21

200 多元智能理論之八「自然觀察者智慧」

哈佛大學心理學家迦納（Gardner）的「多元智能論」則擴充了傳統智力的觀點，認為每個人都擁有七項智慧能「語言、邏輯～數學、空間、肢體、音樂、人際、內省」等智慧，1996 年迦納決定再增加第八種智能～自然觀察者智能，這八種智慧能力，突破了過去用智力商數「IQ」來衡量人類智慧能力的看法，它告訴我們人的智能不適合像身高、體重或血壓那樣測出一個絕對的數字。

自然觀察者智慧指的是對自然的景物（例如：植物、動物、礦物、天文等）有自然觀察智慧（Naturalist Intelligence）包括觀察自然界中的各種型能，辨認並分類物體，且能洞悉自然的或人造的系統。學有專精的自然觀察者包括農夫、植物學家。以上是對專家學者來說，對一般人來說是對週遭生活環境的認知與喜好表現。如畫家、藝術家、小說創作家、戲劇編導者，他們可以捕捉現實生活，入畫或入戲，表現於畫作或呈現舞台上，分享大眾。

意境的陳述非人人能表現，但藝術工作者可以透過寫生、攝影留下情境，這就是自然觀察者智慧。當我看不懂抽象畫，就敬佩他們超人的藝術眼光，透過畫筆留下名垂千史的字畫，智慧非努力可及，那隱含多少累世的潛能。八大智能理論有音樂與藝術，可見兩者是各自秉持天分。有人有音樂才華，却缺少藝術細胞，有人會畫作却不愛音樂，可見沒關聯性。

以上談八大多元智能論，簡介其意涵，加上個人認知，提出淺見，也許不能詳述其意，但可略述其要，如有錯誤，敬祈指正。

2016.05.22

後　記

2014 年 9 月出版生平第一本書：《所見所聞所思所感～健群小品》之後，個人期許每週繼續寫二至三篇小品文，十八個月來已完成二百篇，這是有願有力的成果。

第二本書定名為「芝山雅舍～健群小品」，仍以我見我說為題材，將不同時空下，生活見聞留下記錄，即使有些題目相同，內容亦有異，這是時空情境不同的當然，亦是思緒改變的必然。

昔日喜歡寫有感文章，言之有物，如今有屬於自己的部落格，一可留存，二可分享，動動腦力，防止老化痴呆，描述當下的見聞，留下生活的記憶。翻閱昔日文章，仿如身臨其境，心中有那種甜蜜的感覺。我不寫政論性或批判性文章，寫些散文小品是雅文分享，見仁見智，沒有對錯。

本書兩百篇，每篇力求精簡至五、六百字，是個人一些對人、事、物的認知價值及想法，粗淺的理念或概念，較少有學術性探討，自我期許能持續寫作，以退休後的自我學習自勉。

2016.05.24